爱阅读课程化丛书/快乐读书吧

爱阅读

苏东坡传

立　人／主编

无障碍精读版

课外阅读佳作，爱阅读课程化丛书

分级阅读点拨 · 重点精批详注 · 名师全程助读 · 扫清阅读障碍

天地出版社 | TIANDI PRESS

图书在版编目（CIP）数据

苏东坡传 / 立人主编 . —成都 : 天地出版社，
2019.7（2025.3 重印）
（爱阅读）
ISBN 978-7-5455-4376-6

Ⅰ . ①苏… Ⅱ . ①立… Ⅲ . ①苏轼（1037–1101）—
传记 Ⅳ . ① K825.6

中国版本图书馆 CIP 数据核字（2019）第 274219 号

SUDONGPO ZHUAN

苏东坡传

立　人　主编

—— 阅读 · 成长 ——

出 品 人　杨　政

项目统筹　田佰根　王　猛　万可彪　赵亚珍
监　　制　刘俊枫　王莉莉
责任编辑　李　倩
营销编辑　田金香　吴　淼
绘　　图　王　珊
装帧设计　宋双成
排版制作　书香文雅
责任印制　白　雪

出版发行　天地出版社
（成都市锦江区三色路 238 号　邮政编码：610023）
（北京市方庄芳群园 3 区 3 号　邮政编码：100078）
网　　址　http://www.tiandiph.com
电子邮箱　tianditg@163.com

印　　刷　天津鑫恒彩印刷有限公司
版　　次　2019 年 7 月第一版
印　　次　2025 年 3 月第四次印刷
开　　本　700mm × 1000mm　1/16
印　　张　14　　　彩插　0.375
字　　数　250 千
定　　价　24.80 元
书　　号　ISBN 978-7-5455-4376-6

咨询电话：（028）86361282（总编室）

第二章 成长时光

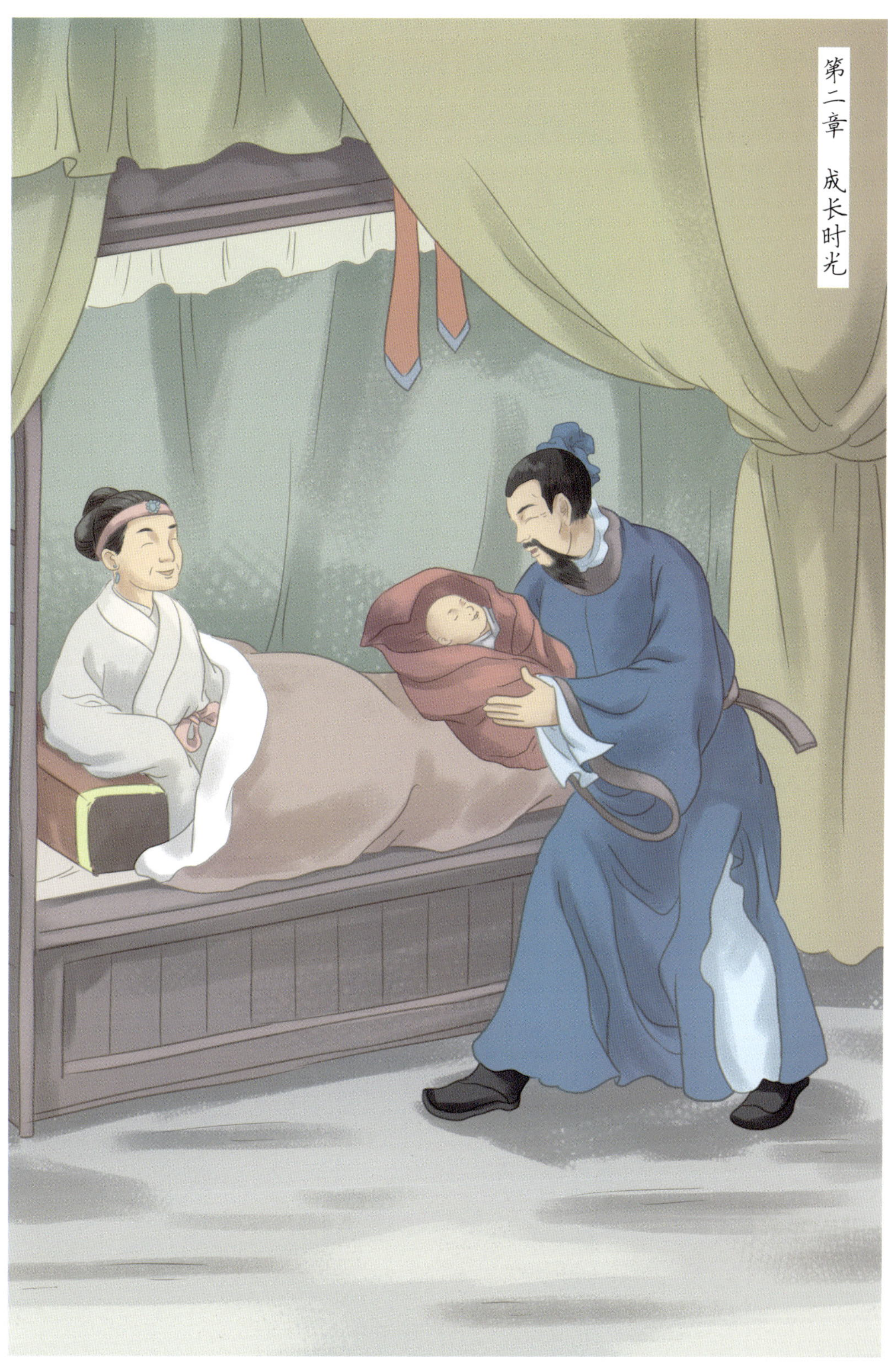

第五章　开启政治生涯

第八章 密州壮歌

第十一章　谪居黄州

第十四章　杭州太守

第十八章　北归与仙逝

总序

北京书香文雅图书文化有限公司的李继勇先生与我联系，说他们策划了一套“爱阅读”丛书，读者对象主要是中小学生，这套书可以作为学生的课外阅读用书，希望我写篇序。作为一名语文教育工作者，为学生推荐优秀课外读物责无旁贷，在最近“双减”政策的大背景下，也更有意义。

一、“双减”以后怎么办？

前不久，中共中央办公厅、国务院办公厅印发了《关于进一步减轻义务教育阶段学生作业负担和校外培训负担的意见》，对义务教育阶段学生的作业和校外培训作出严格规定。这是一件好事。曾几何时，我们的中小学生作业负担重，不少孩子不是在各种各样的培训班里，就是在去培训班的路上。孩子们“学”无宁日，备尝艰辛；家长们焦虑不安，苦不堪言。校外培训机构为了增强吸引力，到处挖墙脚；有些老师受利益驱使，不能安心从教。他们的行为破坏了教育生态，违背了教育规律，严重影响了我国教育改革发展。教育是什么？教育是唤醒，是点燃，是激发。而校外培训的噱头仅仅是提高考试成绩，让孩子在中高考中占得先机。他们的广告词是“提高一分，干掉千人”，他们大肆渲染“分数为王”。在这种压力之下，孩子们面对的是“分萧萧兮题海寒”，他们不得不深陷题海，机械刷题。假如只有一部分孩子上培训班，提高的可能是分数。但是，如果大多数孩子或者所有孩子都去上培训班，那提高的就不是分数，而只是分数线。教育的根本任务是立德树人，是培根铸魂，是启智增慧，是让学生德智体美劳全面发展，是培养社会主义建设者和接班人，是为中华民族伟大复兴提供人才，而不是培养只会考试的“机器”，更不能被资本绑架。所以中央才“出重拳”“放实招”，目的就是要减轻学生过重的课业负担，减轻家长过重的经济和精神负担。

“双减”政策出台后，学生们一片欢呼，再也不用在各种培训班之间来回奔波了，但家长产生了新的焦虑：孩子学习成绩怎么办？而对学校老师来说，这是一个新挑战、新任务，当然也是新机遇。学生在校时间增加，要求老师提升教学水平，科学合理布置作业，同时开展课外延伸服务，事实上是老师陪伴学生的时间增加了。这部分在校时间怎么安排？如何让学生利用好课外时间？这一切考验着老师们的智慧，而开展各种课外活动正好可以解决这个难题，比如：热爱人文的，可以参加阅读写作、演讲辩论、学习传统文化和民风民俗等社团活动；喜爱数理的，可以参加科普科幻、实验研究、统计测量、天文观测等兴趣小组；也可以参加体育比赛、艺术（音乐、美术、书法、戏剧）体验和劳动教育等实践活动。当然，所有的活动都应以培养学生的兴趣爱好为目的，以自愿参加为前提。学校开展课后服务，可以多方面拓展资源，比如博物馆、图书馆、科技馆、陈列馆、少年宫、青少年活动中心，甚至校外培训机构的优质服务资源，还可组织征文比赛、志愿服务、社会调查等，助力学生全面发展。

二、课外阅读新机遇

近年来，“新课标”“新教材”“新高考”成为语文教育改革的热词。前不久，我看到一个视频，说语文在中高考中的地位提高了，难度也加大了。这种说法有一定道理，但并不准确。说它有一定道理，是因为语文能力主要指一个人的阅读和写作能力，而阅读和写作能力又是一个人综合素养的体现。语文能力强，有助于学习别的学科。比如：数学、物理中的应用题，如果阅读能力上不去，读不懂题干，便不能准确把握解题要领，也就没法准确答题；英语中的英译汉、汉译英题更是考查学生的语言表达能力；历史题和政治题往往是给一段材料，让学生去分析、判断，得出结论，并表述自己的观点或看法。从这点来说，语文在中高考中的地位提高有一定道理。说它不准确，有两个方面的理由：一是语文学科本来就重要，不是现在才变得重要，之所以产生这种错觉，是因为在应试教育的背景下，语文的重要性被弱化了；二是语文考试的难度并没有增加，增加的只是阅读思维的宽度和广度，考查的是阅读理解、信息筛选、应用写作、语言表达、批判性思维、辩证思维等关键能力。可以说，真正的素质教育必须重视语文，因为语文是工具，是基础。不少家长和教师认为课外阅读浪费学习时间，这主要是教育观念问题。他们之所以有这种想法，无非是认为考试才是最终目的，希望孩子可以把更多时间用在刷题上。他们只看到课标和教材的变化，以为考试还是过去那一套，其实，考试评价已发生深刻变革。目前，考试评价改革与新课标、新教材改革是同向同行的，都是围绕立德树人做文章。中共中央、国务院印发的《深化新时代教育评价改革总体方案》明确指出："稳步推进中高考改革，构建引导学生德智体美劳全面发展的考试内容体系，改变相对固化的试题形式，增强试题开放性，减少死记硬背和'机械刷题'现象。"显然就是要用中高考"指挥棒"引领素质教育。新高考招生录取强调"两依据，一参考"，即以高考成绩和高中学业水平考试成绩为依据，以综合素质评价为参考。这也就是说，高考成绩不再是高校选拔新生的唯一标准，不只看谁考的分数高，还要看谁更有发展潜力、更有创造性、综合素质更高，从而实现由"招分"向"招人"的转变。而这绝不是仅凭一张高考试卷能够区分出来的，"机械刷题"无助于全面发展，必须在课内学习的基础上，辅之以内容广泛的课外阅读，才能全面提高综合素养。

三、“爱阅读”助力成长

这套“爱阅读”丛书是为中小学生量身打造的，符合《义务教育语文课程标准》倡导的“好读书、读好书、读整本书”的课改理念，可以作为学生课内学习的有益补充。我一向认为，要学好语文，一要读好三本书，二要写好两篇文，三要养成四个好习惯。三本书指“有字之书”“无字之书”和“心灵之书”，两篇文指“规矩文”和“放胆文”，四个好习惯指享受阅读的习惯、善于思考的习惯、乐于表达的习惯和自主学习的习惯。古人说“读万卷书，行万里路”，实际上就是要处理好读书与实践的关系。对于中小学生来说，读书首先是读好“有字之书”。“有字之书”，有课本，有课外自读课本，还有“爱阅读”这样的课外读物。读书时我们不能眉毛胡子一把抓，要区分不同的书，采取不同的读法。一般说来，有精读，有略读。精读需要字斟句酌，需要咬文嚼字，但费时费力。当然也不是所有的书都需要精读，可以根据自己的需要决定精读还是略读。新课标提倡中小学生进行整本书阅读，但是学生往往不能耐着性子读完一整本书。新课标提倡的整本书阅读，主要是针对过去的单篇教学来说的，并不是说每本书都要从头读到尾。教材设计的练习项目也是有弹性的、可选择的，不可能有统一的“阅读计划”。我的建议是，整本书阅读应把精读、略读与浏览结合起来。精读重在示范，略读重在博览，浏览略观大意即可，三者相辅相成，不宜偏于一隅。不仅如此，学生还可以把阅读与写作、读书与实践、课内与课外结合起来。整本书阅读重在掌握阅读方法，拓展阅读视野，培养读书兴趣，养成阅读习惯。

再说写好两篇文。学生读得多了，素养提高了，自然有话想说，有自己的观点和看法要发表。发表的形式可以是口头的，也可以是书面的，书面表达就是写作。写好两篇文，一篇“规矩文”，一篇“放胆文”。“规矩文”重打基础，“放胆文”更见才气。“规矩文”要求练好写作基本功，包括审题、立意、选材、构思等，同时还要掌握记叙文、议论文、说明文、应用文的基本要领和写作规范。“规矩文”的写作要在教师的指导下进行。“放胆文”则鼓励学生放飞自我、大胆想象，各呈创意、各展所长，尤其是展现自己的应用写作能力、语言表达能力、批判性思维能力和辩证思维能力。“放胆文”的写作可以多种多样，除了写大作文，也可以写小作文。有兴趣的还可以进行文学创作，写诗歌、小说、散文、剧本等。

学习语文还要养成四个好习惯。第一，享受阅读的习惯。爱阅读非常重要。每个同学都应该有自己的个性化书单，有的同学喜欢网络小说也没有关系，但需要防止沉迷其中，钻进“死胡同”。这套“爱阅读”丛书，就给中小学生课外阅读提供了大量古今中外的名家名作。第二，善于思考的习惯。在这个大众创业、万众创新的时代，创新人才的标准，已不再是把已有的知识烂熟于心，而是能够独立思考，敢于质疑，能够自己去发现问题、提出问题和解决问题，需要具有探究质疑能力、独立思考能力、批判性思维和辩证思维能力。第三，乐于表达的习惯。表达的乐趣在于说或写的过程，这个过程比说得好、写得完美更重要。写作形式可以不拘一格，比如作文、日记、笔记、随笔、漫画等。第四，自主学习的习惯。我的地盘我做主，我的语文我做主。不是为老师学，也不是为父母长辈学，而是为自己的精神成长学，为自己的未来学。

愿广大中小学生能借助这套“爱阅读”丛书，真正爱上阅读，插上想象的翅膀，飞向未来的广阔天地！

顾之川

2021年10月15日

写于京东大运河畔之两不厌居

· 名人简介 ·

苏轼（1037—1101），字子瞻，又字和仲，号东坡居士，世称苏东坡，也有人称其为苏仙，眉州眉山（今四川省眉山市）人，祖籍河北栾城，北宋著名的文学家、书法家、画家。1057年，苏轼进士及第。宋神宗时曾在凤翔、杭州、密州、徐州、湖州等地任职。1079年，发生了著名的“乌台诗案”，苏东坡被诬陷，贬为黄州团练副使。宋哲宗即位后，苏东坡曾任翰林学士等职位，晚年因新党执政被贬惠州、儋州。宋徽宗时获大赦北还，途中于常州病逝。宋高宗追赠太师，谥号“文忠”。苏东坡在诗、词、散文、书、画等方面均取得了很高的成就。因为他的诗题材广阔、清新豪健，与黄庭坚并称“苏黄”；散文著述宏富、豪放自如，与欧阳修并称“欧苏”，是“唐宋八大家”之一。绘画方面，他尤擅墨竹、怪石、枯木等。苏东坡的传世佳作主要有《东坡七集》《东坡易传》《东坡乐府》等。

· 创作背景 ·

苏轼虽然生活在宋朝，但他对中国文坛的影响是非常深远的。他在文、诗、词三方面都有非常高的造诣，堪称宋代文学最高成就的集大成者。苏轼的创造性活动不局限于文学，他在书法、绘画等领域也有着很高的造诣。苏轼的审美态度为后人提供了富有指导意义的审美范式，他以宽广的审美眼光去拥抱大千世界，让我们懂得凡物皆有可观，到处都能发现美的存在。这种范式在题材内容和表现手法两方面为后人开辟了新的世界。所以，苏轼受到后代文人的普遍热爱。

1

爱阅读 AI YUEDU

苏轼在当时文坛上享有巨大的声誉，他继承了欧阳修的精神，十分重视发现和培养文学人才。苏轼的作品在当时就艳名遐迩，在辽国、高丽等地都广受欢迎。北宋末年，朝廷曾一度禁止苏轼作品的流传，但是禁愈严而传愈广。到了南宋党禁解弛，苏轼的作品又以多种版本广为流传，以后历代翻刻不绝。在后代文人的心目中，苏轼是一位天才的文学巨匠，人们争相从苏轼的作品中汲取营养。对于这样一位文学大家，我们有必要去认识他，所以我们推出了这本《苏东坡传》，旨在让世人了解一个有血有肉的苏轼。

· 作品速览 ·

书中勾勒了苏东坡的人生轨迹，从显赫的出身、才华显露到之后仕途的曲折，详尽而又跌宕起伏，将苏东坡的乐观心态和悲天悯人的双重性格展现给了我们。苏东坡是散文作家、新派画家、伟大的书法家和酿酒的实验者；他是多面性的天才，同时也嗜酒成性，富有慈悲心肠。总之，再多的言语也不足以道出苏东坡的全部。

· 文学特色 ·

这本书中，作者以平静而富有力量的文笔向读者讲述了苏东坡起伏波折的一生，深入浅出，人情入理，言辞之间充满了作者对苏东坡的崇拜与敬佩之情。在他的笔下，苏东坡是一个伟大的人道主义者、切身为老百姓做事的人，伟大的文学家、书法家、画家，一个坚持己见的政治家、大诗人。

2

阅读准备

“名人简介”，走近名人，一睹名人风采；“创作背景”，了解作品创作的时代背景；“作品速览”，把握故事全貌、主题意蕴；“文学特色”，发掘作品深刻的文学价值，以增进理解，提高阅读效率。

名家心得

古人称立德、立功、立言为三不朽。立德最难，自周汉以后，罕见德传者。立功如萧、曹、房、杜、郭、李、韩、岳，立言如马、班、韩、欧、李、杜、苏、黄，古今曾有几人？

——曾国藩

故以宋词比唐诗，则东坡似太白，欧、秦似摩诘，耆卿似乐天，方回、叔原则大历十子之流。

——王国维

苏东坡诗之伟大，因他一辈子没有在政治上得意过。他一生奔走潦倒，波澜曲折都在诗里见……苏东坡的儒学境界并不高，但在他处艰难的环境中，他的人格是伟大的，像他在黄州和后来在惠州、琼州的一段。

——钱穆

读者感悟

苏东坡不仅是一个豪放的词人，还是潇洒飘逸的乐天派。在作者笔下，苏东

211

爱阅读 AI YUEDU

坡像是一杯清茶，苦涩中流露出淡淡清香；同时又像是一江碧水，平静而寂寥。那份心灵的喜悦和思想的快乐值得我们细细品味。

阅读拓展

阅读人物传记可以开阔我们的视野，让我们从不同的角度去了解伟人并从中学习他们的优秀品质。《苏东坡传》就是一部非常值得细读的传记。我们还可以阅读林语堂的《武则天传》，这是林语堂在传记文学创作方面的最高成就。林语堂写的武氏传是唐朝帝王李家和武后武家的家族故事，带有强烈的主观意识，让我们感受到不同的写作风格。

真题演练

1. 苏东坡是哪里人氏？
2. 在初露锋芒之时，苏东坡参加贡试，写了什么文章？
3. 殿试之时，苏东坡的成绩怎样？
4. 第一个发现苏东坡才华的人是谁？
5. 唐宋八大家都有谁？

答案

1. 北宋眉州眉山（今属四川省眉山市）人。
2. 《刑赏忠厚之至论》。
3. 苏东坡中了乙科。
4. 梅圣俞。
5. 唐代韩愈、柳宗元和宋代苏洵、苏轼、苏辙、王安石、曾巩、欧阳修。

212

阅读总结

“名家心得”，听听名家怎么说；“读者感悟”，看看别人怎么想；“阅读拓展”，帮你丰富文学知识，增强艺术感受力；“真题演练”，考查阅读本书后的效果，是对阅读成果的巩固和总结。习题具有一定的延伸性和扩展性，对于没有回答上来的问题，读者可以借此发现阅读上的不足，心中带着疑问，为下一次的精读做好准备。

接受文学名著的滋养，读写贯通，读为写用，读写双升

第一章　家族背景

名师导读

指引你快速知晓章节内容，提高阅读兴趣。

苏东坡是北宋著名文学家、书法家、画家，他的很多作品广为流传，你想了解他的事情吗？现在就从他的家族背景开始说起，一起来看看这篇文章吧。

名师点评

名师妙语，见解独特，视角新颖。

眉山苏氏

①四川省乐山市的峨眉山是远近闻名的风景胜地，这里拥有巍峨陡峭的山麓、滔滔的江水，优美宜人的景色让峨眉山赢得了"峨眉天下秀"的美誉。在这座美丽的大山脚下，有一个叫作眉州（今眉山市）的小镇。这个平凡的小镇就是我国北宋时期著名的大文学家苏东坡的故乡。

①叙述描写——描写了四川的风景胜地，这里的山水景色宜人，驰名中外。

苏东坡原名为苏轼，号东坡居士。

关于苏轼姓名的来历，我们会在后文作具体的讲述。现在，我们先来了解一下苏东坡的家族——眉山苏氏。

家族背景，尤其是宗族线条向来都是错综复杂的，不过我

3

苏东坡传 SUDONGPO ZHUAN

精华赏析

评点章节要旨，发人深省。

这一部分主要讲述了苏洵带着两个儿子苏轼、苏辙进京赶考的事情。这次考试，正好赶上现实主义文风占据上风，欧阳修等几位主考官公正严明，对他们父子三人都非常赏识。"三苏"给整个汴京迂腐的文坛带来了巨大的冲击。

延伸思考

开拓思维，启迪智慧。

1. 苏东坡这次参加考试，主考官是谁？
2. 在这次考试中，苏东坡写了什么文章？
3. "三苏"父子参加考试时，宋朝的宰相是谁？

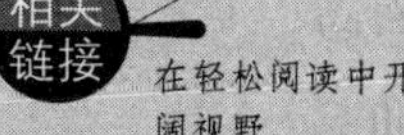

相关链接

在轻松阅读中开阔视野。

欧阳修（1007—1072），字永叔，号醉翁、六一居士，吉州永丰（今江西省吉安市永丰县）人，北宋政治家、文学家，领导了北宋诗文革新运动，是宋代文学史上最早开创现实主义文风的文坛领袖。因为吉州原属庐陵郡，所以他就以"庐陵欧阳修"自居。欧阳修在变革文风的同时，也对诗风、词风进行了革新。

37

Contents

目录

·名人简介·

苏轼（1037—1101），字子瞻，又字和仲，号东坡居士，世称苏东坡，也有人称其为苏仙，眉州眉山（今四川省眉山市）人，祖籍河北栾城，北宋著名的文学家、书法家、画家。1057 年，苏轼进士及第。宋神宗时曾在凤翔、杭州、密州、徐州、湖州等地任职。1079 年，发生了著名的“乌台诗案”，苏东坡被诬陷，贬为黄州团练副使。宋哲宗即位后，苏东坡曾任翰林学士等职位，晚年因新党执政被贬惠州、儋州。宋徽宗时获大赦北还，途中于常州病逝。宋高宗追赠太师，谥号“文忠”。苏东坡在诗、词、散文、书、画等方面均取得了很高的成就。因为他的诗题材广阔、清新豪健，与黄庭坚并称“苏黄”；散文著述宏富、豪放自如，与欧阳修并称“欧苏”，是“唐宋八大家”之一。绘画方面，他尤擅墨竹、怪石、枯木等。苏东坡的传世佳作主要有《东坡七集》《东坡易传》《东坡乐府》等。

·创作背景·

苏轼虽然生活在宋朝，但他对中国文坛的影响是非常深远的。他在文、诗、词三方面都有非常高的造诣，堪称宋代文学最高成就的集大成者。苏轼的创造性活动不局限于文学，他在书法、绘画等领域也有着很高的造诣。苏轼的审美态度为后人提供了富有指导意义的审美范式，他以宽广的审美眼光去拥抱大千世界，让我们懂得凡物皆有可观，到处都能发现美的存在。这种范式在题材内容和表现手法两方面为后人开辟了新的世界。所以，苏轼受到后代文人的普遍热爱。

苏轼在当时文坛上享有巨大的声誉，他继承了欧阳修的精神，十分重视发现和培养文学人才。苏轼的作品在当时就驰名遐迩，在辽国、高丽等地都广受欢迎。北宋末年，朝廷曾一度禁止苏轼作品的流传，但是禁愈严而传愈广。到了南宋党禁解弛，苏轼的作品又以多种版本广为流传，以后历代翻刻不绝。在后代文人的心目中，苏轼是一位天才的文学巨匠，人们争相从苏轼的作品中汲取营养。对于这样一位文学大家，我们有必要去认识他，所以我们推出了这本《苏东坡传》，旨在让世人了解一个有血有肉的苏轼。

·作品速览·

书中勾勒了苏东坡的人生轨迹，从显赫的出身、才华显露到之后仕途的曲折，详尽而又跌宕起伏，将苏东坡的乐观心态和悲天悯人的双重性格展现给了我们。苏东坡是散文作家、新派画家、伟大的书法家和酿酒的实验者；他是多面性的天才，同时也嗜酒成性，富有慈悲心肠。总之，再多的言语也不足以道出苏东坡的全部。

·文学特色·

这本书中，作者以平静而富有力量的文笔向读者讲述了苏东坡起伏波折的一生，深入浅出，人情入理，言辞之间充满了作者对苏东坡的崇拜与敬佩之情。在他的笔下，苏东坡是一个伟大的人道主义者、切身为老百姓做事的人，伟大的文学家、书法家、画家，一个坚持己见的政治家、大诗人。

第一章　家族背景

名师导读

苏东坡是北宋著名文学家、书法家、画家，他的很多作品广为流传，你想了解他的事情吗？现在就从他的家族背景开始说起，一起来看看这篇文章吧。

眉山苏氏

[1] 四川省乐山市的峨眉山是远近闻名的风景胜地，这里拥有巍峨陡峭的山麓、滔滔的江水，优美宜人的景色让峨眉山赢得了“峨眉天下秀”的美誉。在这座美丽的大山脚下，有一个叫作眉州（今眉山市）的小镇。这个平凡的小镇就是我国北宋时期著名的大文学家苏东坡的故乡。

❶叙述描写 描写了四川的风景胜地，这里的山水景色宜人，驰名中外。

苏东坡原名为苏轼，号东坡居士。

关于苏轼姓名的来历，我们会在后文作具体的讲述。现在，我们先来了解一下苏东坡的家族——眉山苏氏。

家族背景，尤其是宗族线条向来都是错综复杂的，不过我们可以根据苏东坡的父亲苏洵所写的《苏氏族谱》和《族谱后录》来简单地梳理一下苏氏家族的情况。①按照苏洵的说法，苏氏的祖先可追溯到西周时期的司寇苏公。秦国的苏秦、苏厉、苏代，汉代的苏建都是苏公的后代。苏建是汉武帝时期的长安杜陵人，因为击败匈奴立下了战功，被武帝封为平陵侯。于是苏建的子孙就在平陵安家落户了。苏建有三个儿子，最大的儿子叫苏嘉；苏嘉的第六代子孙中，有个叫苏纯的人做了南阳太守；而苏纯的儿子苏章在顺帝时期做了冀州的刺史，所以苏纯的子孙就在赵郡定居下来。到了武则天时期，苏章的后代中，有个人叫苏味道，官至宰相，可谓风光无限。

❶概括说明

介绍了苏氏家族悠久的历史，以及历史上出自苏家的优秀人物，说明苏家是一个书香门第世家。

《苏氏族谱》曾这样记载："唐神龙初，长史味道刺眉州，卒于官。一子留于眉，眉之有苏氏，自是始。"

②也就是说，眉山苏氏是长史苏味道的直系后代，而苏味道又是赵郡苏氏的后代，所以苏东坡常以"赵郡苏轼"自称。

❷解释说明

解释了苏东坡以"赵郡苏轼"自称的原因，阐述了苏家的历史、家学渊源。

祖父——苏序

苏东坡的祖父名叫苏序，字仲先，生于公元973年，享年74岁。苏序是一个十分普通的小地主，为人简朴纯厚，与人交往从来不分高低贵贱。不论是士大夫，还是田间老百姓，他都一视同仁。苏序不喜欢管理家事，总是把家里的琐事交给儿子们打理。苏序为人乐观开朗，懂得未雨绸缪。③别人都是用稻谷去换大米回家食用，可是他却背道而驰，总是用大米到处去

❸作比较

将苏序用大米换谷子的行为与其他人作比较，突出了苏序的远见以及他对老百姓的热爱和关心。

注释

匈奴：我国古代民族，战国时游牧在燕、赵、秦以北。东汉时分裂为南北两部，北匈奴在1世纪末为汉所败，西迁；南匈奴附汉，两晋时曾先后建立前赵、夏、北凉等政权。

换谷子，然后把这些谷子都储存起来。最初，邻居们都不理解他的做法，直到出现灾荒的时候，大家才明白。原来大米不易保存，只有谷子才能长久地存放，苏序把谷子存起来，等到荒年歉收时，开仓散粮，帮助大家渡过难关。

因此，虽然苏序只是个小地主，但他乐善好施、为人谦和，所以深得族人和邻居们的爱戴。平日里，苏序除了帮助族人或邻居解决一些愁事，就喝喝酒、唱唱歌，日子过得倒也悠闲自在。

此外，苏序还是个非常有意思的人。他年轻时对读书一点儿也不感兴趣，可是到了老年，却突然喜欢上了吟诗作赋，而且思维敏捷，往往能够下笔成章。只是后人基本上找不到他遗留下来的作品了，这不得不说是我国文坛的一件憾事。

在教育子女方面，苏序的做法也异于常人。他一共有三个儿子：苏澹、苏涣和苏洵。两个大儿子从小就勤奋好学，后来都中了举人，也得了官职，就连苏序自己也因此被封为尚书职方员外郎。可是，让邻里宗亲们非常困惑的是：苏序对小儿子苏洵十分放纵，从来不要求苏洵读书学习，以至于苏洵年过十八了，还整天吊儿郎当、游手好闲。

面对大家的质疑和善意提醒，苏序毫不在意地说：①“这有什么好犯愁的？”其实，他比任何人都要了解自己的孩子，知道只有让苏洵自己领悟了读书的重要性，才能真正激发其奋斗的决心。当然，事实证明，苏序是对的，因为苏洵到后来的确发生了大变化，其发愤读书的行为是普通人根本无法比拟的。这一点，稍后细讲。

读书笔记

①语言描写

面对大家的质疑，苏序没有解释，他只是轻描淡写地说这没有什么，说明他对自己的小儿子很了解，也不逼迫小儿子去做自己不喜欢的事情。

两位伯父

这里说说苏东坡的两位伯父：苏澹和苏涣。苏澹是苏序的长子，也就是苏东坡的大伯父。此人只活了三十多岁，虽然中了举人，但关于他的生平事迹的记载却非常少。苏涣是苏序的二儿子，比苏洵大八岁，是眉山的苏氏子孙中第一个入仕的人，先后任主簿、司法、通判、提刑官等职务。

❶过渡句

这句话概括了苏涣的为人，说明他是一个非常公正严明的好官。

①苏涣身为官吏，既懂得体恤百姓，又能一直秉持依法办事的原则。对待贪官污吏，他会毫不客气地进行弹劾，更不会畏惧豪强劣绅，所以无论他走到哪里，都能造福一方百姓，因而深得老百姓的爱戴。

在苏澹和苏涣出仕之前，眉山苏氏只是一个毫无名气的地主家族。眉山苏氏的生活光景同苏味道时期相比，简直可以用“落魄至极”来形容。所以苏洵总说自己是西南的匹夫，而苏东坡则说自己“家世至寒”。

苏洵曾在《苏氏族谱》中解释说，从苏味道的下一代到苏洵的高祖苏泾这代之间的苏氏族人情况都不可探寻了，一直到曾祖父苏釿才有一些记载，所以《苏氏族谱》也只能从苏釿的生平事迹开始记录。也就是说，眉山苏氏这两百多年来都处于衰微的光景中，以至于象征着宗法制度的族谱也险些失去。这样看来，苏涣就成了这个家族重新崛起的标志。

❷概括描写

苏涣不但让曾经衰败的家族逐渐走向灿烂，而且还拓宽了苏家的社交面，突出了他在家族中的贡献。

②他既打破了苏氏两个多世纪的落魄局面，又拓宽了苏氏的社交面。据记载，苏涣同司马光、元绛、范镇、胡宿等人都有交往，这对苏东坡后来的发展有着深远的影响。与此同时，苏东坡从政后的办事风格也在很大程度上继承和发扬了苏涣的“吏风”。

父亲苏洵

当然，对苏东坡一生影响最大的，还是他的父母。我们先讲苏东坡的父亲苏洵。

苏洵生于公元1009年，即宋真宗祥符二年，世称“老苏”。(①苏洵与他的两个儿子都在“唐宋八大家”之列，是赫赫有名的“三苏”之一，所以“老苏”的称呼是人们用来区别他与两个儿子的。)

❶解释说明

解释了苏洵被人们称为“老苏”的原因，父子三人居然都位列“唐宋八大家”，这突出了他们父子卓越的文学水平。

提起苏洵，用“大器晚成”一词来形容再合适不过了。人们总说只要一个人明白了学习的重要性，无论从什么时候开始学习都不晚。前面讲过，苏洵年少的时候不喜欢学习，以至于过了寒窗苦读期依旧成天游手好闲。②一直到结婚后，苏洵才慢慢意识到了自己的不足，尤其是大儿子出生后，他更是看到了自己与两个哥哥，还有妻子家程氏兄弟们的差距。当时，苏洵的两个哥哥都有官职在身，妻子程氏的兄弟也纷纷中了举人，为官为吏。两边弟兄中，只有苏洵自己一事无成。面对这样的现实，苏洵倍感羞愧，认为好男儿应当为国家效力，而要做到这点就必须通过科举考试，踏入仕途。

❷叙述描写

讲述了苏洵从游手好闲变得奋发向上的过程，将他的心理过程描写得很全面。

于是，二十五岁那年，已经为人父的苏洵突然闭门谢客，把自己关在屋里，发愤读书。当苏洵自认为已经能够“为文辞”之后，便自信满满地踏入了考场，准备“大显身手”。然而，现实是残酷的，雄心勃勃的苏洵在第一次应试中并没有脱颖而出。

注释

唐宋八大家：又称唐宋散文八大家，是中国唐代韩愈、柳宗元和宋代苏洵、苏轼、苏辙、王安石、曾巩、欧阳修八位散文家的合称。

落榜的苏洵并没有因此懊恼，他再接再厉，继续闭门苦读。二十八岁那年，苏洵第二次踏入考场。只可惜，这次应试依旧以失败而告终。连续两次名落孙山着实让苏洵的自信心受到了严重的打击。但是，他并没有灰心，而是把目光转移到了“茂材异等”科上，打算凭借自己杰出的才能，踏上仕途。按照当时的科举制度，除了贡举，才能杰出的人也可以通过其他举制入仕。[①]再加上，当时的科举每科录取的人数从唐代的二三十人扩大到了五六百人。所以，这一次苏洵有了必胜的信心。然而，命运之神再一次与他开了个玩笑，成功与他擦肩而过，“曲线出仕”的策略依旧以失败而告终。

❶数字说明

科举制度发展到宋朝，录取人数发生了巨大的变化，突出了朝廷对人才的重视。

苏洵原本认为自己天赋异禀，就算刻苦学习开始得有些晚，但在众多录取名额中，无论如何也可以占一席之位的。可是，屡考屡败的残酷现实给了他沉重的打击。这一次，他彻底陷入了苦闷与徘徊之中，最终决定再也不参加科举，也不期盼什么功名了。

为了开导自己，苏洵总是以老子、庄子和荀子等人的经历来自勉，他告诉自己：一个真正的人才即使命运不济，也同样能够拥有伟大的人生。

这一思想转变历程，在苏洵所写的《上韩丞相书》中有具体的阐述，书中说：[②]“洵少时自处不甚卑，以为遇时得位，当不卤莽。及长，知取仕之难，遂绝意于功名，而自托于学术，实亦有得而足恃。”

❷引用修辞

说明了他在考取功名失败之后，心理转变的历程。

从此，苏洵就将所有的心思和精力都用在了各方面才艺的研习上。他爱好书画，研究历法，还对《礼》《易》有独到的见解，甚至精通音韵、善抚琴，等等。不过，在所有才艺中，成就最突出的还是他的散文创作。

用欧阳修的话来说，苏洵的散文[1]“博辩宏伟，读者悚然想见其人”。也就是说，苏洵在散文中十分善于辩论，且所辩论的主题往往能针对当时的政治问题，这在当时可谓独树一帜。人们读了他的散文之后，不仅精神上会受到震撼，而且会情不自禁地想见见文章的作者。但这并不代表苏洵在生活中是一个善于言辞、好雄辩的人。恰恰相反，中年时期的苏洵是一个“温温似不能言”的人，性格十分内向沉稳，寡言少语，只有相处久了才能发现他是一个真性情的人。所以，欧阳修又说：“及即之与居，愈久而愈可爱。间而出其所有，愈叩而愈无穷。”

此外，苏洵同他的父亲苏序一样，也非常乐善好施，而这一性格特征后来又被苏东坡继承了。

❶引用修辞

说明了苏洵的散文辩论得当，独树一帜，是不可多得的好文章。

母亲程氏

[2]苏洵的妻子是大理寺丞程文应的女儿。当时，程家可谓眉山地区屈指可数的显赫家族，程氏的兄弟中的程濬、程沿、程浞等都在朝廷为官，且政治地位丝毫不亚于苏东坡的二伯父苏涣，或为通判，或为提刑官，还有为转运使的，等等。所以，苏洵娶了程氏，就相当于攀上了“豪门”。可是，这位家出名门的姑娘却丝毫没有“千金小姐”的姿态。从苏洵写给程氏的祭文中，我们可以了解到，程氏是一位非常有文化有教养的女子，她不仅喜欢读书，而且非常识大体、明大义。苏氏父子的“功成名就”在很大程度上都应当归功于程氏。

对于丈夫而言，程氏是一位善解人意、敢于挑起家庭重担的好妻子。程氏嫁给苏洵时才十八岁，当时的苏洵还是一个游

❷背景介绍

介绍了苏洵妻子的家庭背景，突出了她的出身非常高贵。

读书笔记

手好闲、无所事事的人。丈夫的行为，程氏看在眼里，急在心里，成天郁郁寡欢。或许，这也是激发苏洵发愤读书的原因之一。大儿子出生后，苏洵终于下定决心要苦读以求功名，程氏的心里自然十分欢喜。可是，苏洵不得不面临是专心学习，还是谋求生计的难题。

正当苏洵左右为难的时候，程氏仿佛看穿了丈夫的心思，她毫不犹疑地对丈夫说：[①]“其实，有些话我一直想对你说，但又不想让你为了我去读书。如今，你自己有了决心和目标，那么就放心把家里的事交给我吧！”

❶语言描写　妻子明白苏洵的为难，她毫不犹豫地选择了支持自己的丈夫，自己担起家里的生活重担，真是一个有担当的女子。

夫人的理解与支持，既免除了苏洵读书治学的后顾之忧，又给了他精神上的力量，以至于苏洵能够做到闭门谢客，全身心地投入到学习当中去。

程氏不光勇于承担家庭的重任，还乐于帮助他人。不管是宗族还是乡亲中，谁遇到困难，她都会出钱出力，竭力帮助对方渡过难关。

对于孩子们而言，程氏是一位思想开明、以身作则的好母亲。[②]她对左邻右舍、宗族亲朋等都非常慷慨大方，可是对自己和孩子们却十分“吝啬”。苏东坡曾回忆说，他和弟弟苏辙年少时，每天只能吃“三白”，即盐、生萝卜和米饭。他并非家庭拮据才过得如此节俭，而是因为程氏不想让孩子们养成骄奢的生活习惯。在母亲的影响下，苏东坡兄弟俩也具有了勤俭节约的美好品质，所以苏东坡在被贬黄州时，能坦然地接受生活的困窘；在流放海南时，能不以为意地咀嚼粗粝的芋头饼。

❷对比手法　突出了程氏以身作则和对孩子的严加管教，教育孩子要勤俭节约。

在思想立志方面，程氏可以说是苏东坡真正的启蒙导师。苏东坡九岁时，程氏为孩子们读《后汉书》，书中说汉朝政治腐败，阉宦把持朝政，忠臣义士和儒生们都纷纷反对奸党，甚至冒着生命危险上书皇帝，让其罢免朝廷奸臣。有个叫范滂的青年学者，在母亲的支持下，愤然踏上了反抗奸党的斗争之路，最终被宦官集团给杀害了。

[1] 苏东坡听后，若有所思地问程氏："母亲，您愿意让我做范滂那样的人吗？"程氏听后，微笑着回答道："如果你能成为范滂，难道我就不可以做范滂的母亲吗？"说完，母子俩相视一笑。

❶语言描写　说明苏东坡有意成为一个正直的人，母亲对他的教育起到了至关重要的作用。

从此，苏东坡就以范滂为自己的榜样，以"澄清天下"为己任，积极地学习和奋斗。

可见，程氏对苏东坡立志和树立积极进取的人生观都产生了非常重要的影响。

小结语

苏东坡的家族背景虽然错综复杂，但大体上有迹可循。在性格形成方面，苏东坡从祖父那里继承了乐善好施的品德，从伯父苏涣那里懂得了坚守正义的做事原则；在思想和文学创作方面，苏东坡生长在文化氛围浓厚的家庭，不仅为其树立了正确的人生观，还为他日后取得杰出的文学成就奠定了基础。

此外，都说"一方水土养育一方人"，苏东坡生活在北宋中期，又出生在四川眉山这样一个山清水秀的地方。从大的范围来讲，四川素有"天府之国"的美称，其自然环境美不胜收，名山大川不计其数，而眉州附近的峨眉山更是以风景奇秀著称，山下有三江汇合的壮观，江边临壁有凌云大佛的神奇，山上还有源源不断的雪水。

地理人文方面，四川拥有丰厚肥沃的红土，农耕历史十分悠久，再加上都江堰这一伟大的水利工程，使得这里的农业技术十分先进；而手工业方面，蜀锦、大邑瓷器等是享有盛誉的艺术品；就连这里的印刷术、纸张生产等技艺都相当精善。

当然，对苏东坡才气熏陶最主要的方面，还是四川浓厚的文化氛围。①李白、杜甫、司马相如、扬雄、王褒、王衍、孟昶等一大批文人才子在这里生活过，留下了丰富而杰出的文学作品，这些作品如同肥沃的土壤，为苏东坡的艺术成长提供了源源不断的养分。

❶举例说明 突出四川浓厚的文化氛围。

精华赏析

这一部分主要讲述了苏东坡的家庭背景。苏家家学渊源深厚，父母对苏东坡的影响非常深远。苏轼父子三人都在“唐宋八大家”之列，突出了他们家深厚的文化底蕴，卓越的文学成就。

延伸思考

1. 苏东坡的父亲是谁？

2. 苏东坡的母亲程氏家庭显赫，从哪里可以看出来？

3. 你知道苏东坡的哪些作品呢？

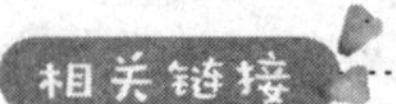

相关链接

唐宋八大家，也被人们称为唐宋散文八大家。唐代古文运动的领袖是韩愈和柳宗元，宋代古文运动的核心人物是欧阳修、“三苏”，王安石、曾巩则是临川文学的代表人物。他们使诗文发展的陈旧面貌焕然一新，掀起了古文革新浪潮。

第二章　成长时光

名师导读

每个人的成长各不相同：有的人童年是快乐的，有的人童年是不幸的；有的人在童年时期就声名鹊起，有的人则一辈子平平淡淡，无名无利。让我们来看看苏东坡的成长时光是怎样的吧。

出　生

[1]1037年1月8日（北宋景祐三年十二月十九日）这天，对于苏洵夫妇而言，是一个特别的日子。因为他们的第二个儿子出生了，这个孩子就是苏轼。在苏轼之前，苏洵夫妇一共生了四个孩子，但只有一个女儿活了下来，其他两个女儿和一个儿子都相继夭折了。幸存下来的这个女儿因为在家族同辈中排行第八，所以得了“八娘”的乳名。有了女儿，自然就想要个儿子，就在八娘出生后的第二年，苏洵夫妻如愿以偿地添了这个儿子，虽然是夫妇俩的第二个儿子，但因为前一个儿子夭折了，所以这个儿子就顺理成章地成为长子。

❶**叙述描写**

叙述了苏轼的出生时间，表达出苏洵夫妇的喜悦之情。

当时，苏洵已经二十七岁了，其父苏序已经六十三岁了。苏家虽算不上大富人家，但也是个小康家庭，有自己的田产，家境比较殷实。这样的家庭背景为苏轼的健康成长奠定了良好的经济基础。

❶叙述描写…………详细介绍了中国传统计算年龄的方法与本文采用的记时方法，突出了文章的严谨性。

①关于苏轼的出生必须交代一点：按照中国传统计算年龄的方法，婴儿出生时就有一岁了，过了年则要加一岁，由于苏轼出生在十二月十九日，所以到了第二年初一时，只有十几天大的他就已经是两岁的孩子了。不过，为了精确起见，本书中的年龄都是按照公历计算的，记事时间也采用了公历。

苏轼三岁时，弟弟苏辙出生了。现在，苏洵膝下一共有三个孩子：八娘、苏轼和苏辙。因为之前的孩子都相继夭折了，所以夫妻俩非常为这三个孩子的健康担忧，生怕他们重蹈覆辙。

❷叙述描写…………突出了夫妻俩对孩子的重视和关心。

②于是，他们分别给三个孩子雇了奶娘，每个孩子都由各自的奶娘照顾到成年。夫妻俩则亲自负责孩子的教育工作。眼看着三个孩子一天天长大，夫妻俩心中的石头也逐渐放了下来，取而代之的是将生活的希望寄托在孩子们身上。

话说至此，为了方便后文的叙述，我们先交代一下苏轼被称为“苏东坡”的原因。在中国古代，读书人一般都会同时拥有好几个名字：正式名、字和雅号。正式名或说大名，是父母赐予的，包括姓和名，书信署名时通常用正式名；字也是父母赐予的，往往只有名，不带姓，相当于我们今天的小名，这个名字是供家人、亲戚、朋友，以及邻里乡亲等口头称呼的；雅号则是读书人自己起的，一般用在印章上，这个名字可以是自己的书斋名，也可以是自己的代表作品的名称，还可以是自己的官职、故乡名称，等等。此外，帝王、贵族、大臣等死后，朝廷为了表示尊重，便于追忆，往往会特地给死者起个谥号。

苏洵为长子取名苏轼，字子瞻；小儿子取名苏辙，字子由。又因为两个儿子实际上分别是第二个儿子和第三个儿子，所以又分别给他们多取了一个字：和仲与同叔。① 而“苏东坡”这一称呼其实是苏轼的雅号，他被贬黄州时，为了增加生活收入而开辟了一块叫作“东坡”的荒地，从此便以“东坡居士”自称，世人也往往用这个雅号来称呼他。

❶解释说明

解释了苏轼雅号的来历，侧面说明他的仕途并不是一帆风顺的。

求学生活

在苏东坡年少时期，北宋统治虽然出现了紧张的情况，且时有民族斗争或阶级斗争发生，但从整体上来看，政局依旧维持着相对稳定的状态。国家的短暂稳定让老百姓的生活也相对比较平静，因此苏东坡有了一段无忧而且十分勤学的少年时光。

公元 1043 年（庆历三年），六岁的苏东坡踏入了天庆观北极院，开启了他的小学生活。当时的小学叫作私塾或乡校。私塾的先生名叫张易简，是个道士。② 与苏东坡同时就读的学生有一百多人，但是在众多学生中，张先生最喜欢苏东坡和另一个叫作陈太初的孩子。在张先生眼里，这两个学生天资聪颖，一点就透，是其他学生远不能及的。只可惜，陈太初长大后，虽然中了举人，却一心向道，最终出家当了道士。

❷数字说明

突出了苏东坡是一个让人喜爱的好学生。

就在苏东坡入学的这年，以范仲淹、欧阳修、韩琦、富弼等人为首的地主阶级统治集团上层发起了一场政治革新运

注释

谥号：古时帝王、诸侯、文臣武将死后，朝廷据其生前事迹给予的称号。一般为褒扬之词。

动——“庆历新政”。这场政治革新运动符合多数知识分子盼望革新的心愿，因此得到了许多人的赞同与支持。张先生为学生们讲解了庆历新政后，苏东坡仿佛受到了政治革新的洗礼，对这场运动的发起者们产生了深深的敬佩之情。

1046 年 (庆历六年)，苏东坡与弟弟苏辙一同离开了北极院，来到城西寿昌院，受教于刘微之先生。刘先生是一位颇有才学的先生，当时在他门下受教的学生也有百来个。一天，刘先生写了一首诗，名为“鹭鸶诗”。诗的最后两句是 :“渔人忽惊起，雪片逐风斜。”

年仅九岁的苏东坡听了先生的吟诵后，说道 :[1]“先生，为什么不把‘雪片逐风斜’改成‘雪片落蒹葭’呢？”

❶语言描写 苏东坡对老师的诗句表示质疑，并提出自己的修改意见，真是“初生牛犊不怕虎”啊！

一个九岁的孩子说出的话，竟然如同一个文学评论家，这不得不让刘先生对苏东坡刮目相看了。

苏东坡经常在先生的肩膀后面，探头看先生正在读的书本。一天，刘先生为孩子们读了一篇关于中国历代名人的长文。苏东坡听后提出了许多问题，刘先生都一一作答。苏东坡童年时期，中国处于仁宗统治时期。[2]仁宗是宋朝最为英明的君主，他重视文学艺术，有贤良之臣辅助，因此当时的宋朝才能保持太平无事的局面，国内也可谓人才济济。当苏东坡再次听到范仲淹、欧阳修等杰出人士的名字时，他的内心备受鼓舞。后来，我们这位大诗人在踏入仕途后，便与欧阳修、韩琦、富弼等杰出人物有了密切的往来。毫无疑问，这些苏东坡敬仰已久的前辈自然对他的政治方向与从政生活等都产生了极大的影响。

❷正面描写 这段话对宋仁宗做了概括。

[3]有文字记载，十一岁的苏东坡不仅能够评诗论诗，而且

❸正面描写 据记载，苏东坡九岁就能写出高水准的诗词歌赋，突出了他在文学上的天赋。

能够吟诗作赋，且文章往往能够达到语出惊人的效果。比如，他曾写了一篇《黠鼠赋》，其内容如下：

苏子夜坐，有鼠方啮。拊床而止之，既止复作。使童子烛之，有橐中空，嘐嘐聱聱，声在橐中。曰："噫！此鼠之见闭而不得去者也。"发而视之，寂无所有，举烛而索，中有死鼠。童子惊曰："是方啮也，而遽死耶？向为何声，岂其鬼耶？"覆而出之，堕地乃走，虽有敏者，莫措其手。

苏子叹曰："异哉！是鼠之黠也。闭于橐中，橐坚而不可穴也。故不啮而啮，以声致人；不死而死，以形求脱也。吾闻有生，莫智于人。扰龙伐蛟，登龟狩麟，役万物而君之，卒见使于一鼠；堕此虫之计中，惊脱兔于处女，乌在其为智也？"

文章的大概意思是：一只老鼠被束缚在结实的口袋里，因为不能咬破口袋逃走就用装死的办法欺骗童子。童子明明认为老鼠不可能死，却因为听不到老鼠的声响了就将口袋打开倒出"死老鼠"。结果，老鼠一落地就翻身逃走了。① 这个故事不仅有趣，而且阐释了一个深刻的人生哲理，即人原本是最聪明的生物，可是却因为心智不坚定，而被一只小老鼠欺骗利用，所以我们要想做成一件事，就必须做到一心一意，不要被他人左右了自己的想法。

> ❶**归纳总结**
> 在这有趣的小故事中，暗藏着教育人的大道理。

由此可见，在苏东坡很小的时候，他的文学天赋就已经显现出来了。

公元 1047 年（庆历七年），十岁的苏东坡结束了小学生涯，进入了中等学院，开始了以科举考试为目的的学习。因此，这时的课程主要以背诵诗文经史为主。先生要求学生们不仅要读懂每篇文章的主要内容，而且要将整篇文章背下来，绝不能放过任何一个词句，因为只有积累足够的词汇，学生才能在写文章时达到诗词、典故、好词好句信手拈来的程度。

❶正面描写

说明苏东坡是一个踏踏实实学习的好孩子。

[1] 虽然苏东坡从小就天资过人，但是在背诵文章这方面，他从来没有“投机取巧”过。但凡是老师的吩咐，他都会一一照做，还会将要求背诵的书一本一本抄下来。这个方法看似笨拙，却有诸多好处：既可以巩固记忆，又可以加深对文章内容的理解，还可以达到练习书法的效果。

苏东坡就是凭借着这种传统的记忆方法，背诵了一本又一本经典文籍，为将来撰写谏文，替皇帝草拟圣旨，以及创作杰出的诗词歌赋等打下了坚实的基础。

父亲的言传身教

❷叙述描写

阐述了苏洵总是一次次名落孙山的原因，突出了科举制度的弊端，也从侧面说明苏洵是一个有思想、有见地的人。

正当苏东坡与弟弟苏辙一起苦读诗书的时候，去应试的父亲再次铩羽而归。[2] 其实，苏洵之所以一次次名落孙山，并不是因为他的才能或智慧不及他人，恰恰相反，是因为他的智力和创新能力都高于一般人，以至于他对考题的解答总是不符合考试的标准，这才无法获得阅卷官的认可。当时的科举只追求形式美，不在意文章的内容和思想性。而苏洵却是一个实事求是，凡事都有自己的见地的人，所以他在考试中所写的文章往往不落窠臼，却很难入阅卷官员们的“法眼”。

❸正面描写

苏洵虽然多次名落孙山，但是没有因此而放弃自己的坚持。他将希望寄托在两个儿子的身上，他的教育方式给孩子以后的发展奠定了基础。

虽然苏洵屡考屡败，但是他依旧反对只追求辞藻靡丽的创作习气，不仅自己始终坚持实事求是的淳朴文风，在指导两个儿子学习时，也是以纯粹雅正的文体为基础，教导孩子们从史书中寻找为政之法和国家兴衰更替的道理。[3]苏洵坚持以实事求是的文风来教导两个儿子，才为他们将来在应试中脱颖而出奠定了基础。具体原因，我们将在后文具体介绍。先看苏洵是如何教导东坡与苏辙的吧！

苏洵靠床坐着，仔细地听着两个儿子琅琅的读书声，心中燃起了新的希望，虽然他自己无法功成名就，但这不代表两个儿子不能完成他的心愿。于是，他一边校正儿子们读音上的错误，一边在心中鼓舞自己：一定要细心教导两个孩儿，让他们出人头地。

在苏东坡十岁的时候，苏洵先是为他们兄弟俩朗读了欧阳修的《谢宣召赴学士院仍谢赐对衣金带及马表》，并且让苏东坡以这篇文章为范本，进行仿写。没想到，苏东坡竟然写出了“匪伊垂之带有余，非敢后也马不进”的话来，这让苏洵备感欣慰。[1] 接着，苏洵又让苏东坡写一篇《夏侯太初论》，结果，苏东坡又写出了“人能碎千金之璧，不能无失声于破釜；能搏猛虎，不能无变色于蜂虿”的哲理警句来，这让苏洵更加深信自己的孩子有过人的天赋。

❶引用修辞

直接引用了苏东坡文中的名言警句，突出了他卓越的文化水平和过人的天赋。

于是，苏洵对苏东坡的学习要求变得更加严格了，他亲自指导苏东坡学习：一方面注重培养他写诗的才华，让他熟读《楚辞》《诗经》，品读李白、杜甫、陶潜、李商隐、孟浩然、柳宗元等历代大诗人的佳作；一方面重视拓展苏东坡的学习兴趣，让他阅读诸子百家的文章，提升其散文创作的能力。

在研习诗歌方面，苏东坡非常喜欢李白、杜甫的作品风格，而在散文创作方面，则以孟子、韩愈等的文章为创作方向。

可见，苏洵的言传身教和文学氛围极浓的家庭环境对苏东坡成为大诗人、大文学家起到了不可忽视的作用。

独立学习

❶概括描写
描写了苏东坡成才的原因，突出了积极学习的重要性。

① 诚然，天赋异禀、良好的学校及家庭环境都是苏东坡成功的因素所在，但最主要的原因还是他从小就懂得积极努力地学习，抓住了学习的黄金时期，给自己打下了非常扎实的知识基础。苏东坡曾这样描述自己小时候的学习情况："我昔家居断往还，著书不复窥园葵。"可见，他同自己的父亲一样，也是关门谢客，一门心思地苦读诗书。不过，他从小就懂得了学习的重要性，其学习效果自然远胜于他父亲成年后才发愤读书的效果。

❷先总后分
先总括了苏东坡读书学习的特点，然后详细介绍了他寻找适合自己学习方法的过程，说明他是一个有主见的人。

② 苏东坡不仅刻苦读书，而且始终坚持独立思考，探索适合自己的学习方法。他从不盲从古人，也不生搬硬套典籍中的经典内容。对于万事万物，他都会仔细观察，静心思考，明白其中的是与非。即使是圣贤说的话，如果不对，他也不会认可。

这种独立思考的学习精神，让苏东坡在成长过程中逐渐形成了一套属于自己的人生观和价值观，无论对人还是对事，他都能坚持自己的看法与主张。然而，或许正是这种特立独行的处事风格让他在入仕之后，既不攀附保守派，又不盲目支持革新派，以至于屡遭贬谪，令仕途充满了坎坷。

当然，一开始，苏东坡并不知道如何在文章中准确地表达自己的思想和情感。他先是喜欢贾谊、陆贽等人的政论文，也尝试着写过一些类似的政论文，可是无论文章有多么的洋洋洒洒，他始终对自己的表达能力感到不满。一直到他读了《庄子》一书才豁然开朗，并且欣然说道："吾昔有见于中，口未能言。今见《庄子》，得吾心矣！"也就是说，苏东坡一直认为自己对事物有独特的看法，却不能够在文章中淋漓尽致地表达自己的内心想法，而读了《庄子》后，才觉得文中的内容就是自己心里所想的。[①] 这时候，他才真正明白父亲所说的“圣贤的作品都是在情不自禁、有感而发的情况下创作的，而不是为了写文章才写的”。从此，苏东坡便坚持了“非能为之为工，乃不能不为之为工”的创作思想，也就是不去刻意追求文章的形式和效果，而是有感而发，遵从本心写作，而这恰恰是他的父亲苏洵所坚持的创作原则。

❶引用修辞

突出了父亲对苏东坡的影响深远，也说明文章必须要有真情实感才是好文章。

除了文学创作，苏东坡从小就喜欢研究书法和书画，甚至达到了如痴如醉的程度。他经常练习书法，临摹绘画，因此在书法和绘画艺术上也取得了很大的成就。

丰富多彩的生活体验

每个孩子的童年都是丰富多彩的，苏东坡的童年也不例外。

苏东坡曾回忆说，在他很小的时候，家中的庭院便是他们姐弟三人的乐园。他常常和弟弟苏辙在院子里掘土玩石。[②] 此外，程氏早就告诫过家里的人不许捕捉院子里的鸟雀，这样一来，庭院里就有了不少安家落户的鸟雀，有的鸟儿甚至把窝巢安置在了小孩子们能看得见的地方，所以对于苏东坡来说，每天放学后最大的乐趣就是去窥探那些窝巢里的雏鸟或鸟蛋。有一只毛色艳丽的小鸟给苏东坡留下了最为深刻的印象，以至于多年后，苏东坡谈及此鸟时，依旧记忆犹新。

❷正面描写

母亲程氏对动物的关心爱护，为苏轼的成长提供了有益的环境。

除了看庭中鸟雀，苏东坡还喜欢看庭院里忙乱的场景。他曾说，由于他的二伯苏涣在朝为官，所以但凡有官员来到眉州，就一定会来苏家看看。幼年时期的他最喜欢看家里忙乱时的场景：[③] 侍女们在母亲的吩咐声中，光着脚丫子满庭院跑，

❸场景描写

简单描写了大家庭的情景，真是热闹的景象啊。

抓鸡、摘菜，好不热闹。

再大一点的时候，苏东坡就喜欢去山林、溪边、野地等更加开阔的地方游玩。他热爱大自然，富有探险精神，直到今天乐山的凌云山崖壁上还留着他所题的字，峨眉山上还流传着关于他的故事。

❶引用修辞
说明苏东坡对松树格外偏爱。

苏东坡从小就爱劳动，尤其喜欢种植松树。[①]他曾在诗中回忆自己种松树的情景："老翁山下玉渊回，手植青松三万栽。"据陈师道的《后山谈丛》记载，苏家祖茔周围那几万棵松树都是苏东坡年少时亲自栽种的。

此外，苏东坡年少时也对农业生产十分感兴趣，什么时间种植什么农作物，哪种农作物需要怎样的生长条件等，苏东坡都有一定的了解。正是对劳动的热爱和体验让苏东坡在为官之后懂得关心农业生产，重视推广新式农具减轻农民的负担等。与此同时，劳动生活的体验也为苏东坡在被贬黄州后能够亲自进行拓荒垦地的劳动奠定了基础。

读书笔记

在体验家乡劳动生活的过程中，让苏东坡感触颇深的便是农民们互帮互助的生产方式。每年春天，大家自发地组织起来，共同耕地播种，然后根据田地多少计工；到了秋天，大家又一起收割粮食，按工分配；最后再一起祭田祭祖，欢聚一堂，饱醉而归。淳朴的民风在这样的生产方式中展现得淋漓尽致。

❷引用修辞
描写富人和穷人家中截然不同的情景，突出了贫富差距之大。

此外，苏东坡从小就喜欢和大人们一起踏青、逛"蚕市"、守岁……在这些传统的风俗活动中，苏东坡既了解了人们的生活情况、思想道德，又看到了贫富的差距，体会到了底层百姓生活的艰辛。[②]他曾用"置盘巨鲤横，发笼双兔卧。富人事华靡，彩绣光翻座。贫者愧不能，微挚出春磨”的诗句来描述“馈岁”时，富人与穷人家中截然不同的情景。从诗句中可以看出，在苏东坡眼里富人们只重视“摆阔气”，而穷人们则注重“情意”。

兄弟情深

① 中国自古讲究“孝悌”。“孝”是感恩父母、报答父母；“悌”是兄弟姐妹间的友爱。在苏洵夫妻的教导下，苏家三姐弟之间的感情一直非常好，而苏东坡与苏辙之间的兄弟情更是感人至深。两人一起成长，一起学习，一同中举，然后又在坎坷的仕途上相濡以沫，彼此鼓舞。有人说，苏东坡与苏辙间的情谊是世间最深的兄弟情，两人完美地诠释了“悌”字的真谛。

❶解释说明

解释了孝悌的含义，为下文描写苏轼和苏辙兄弟之间的深厚感情起到了提纲挈领的作用。

小时候，兄弟俩一同去私塾学习，回到家又一起接受父亲的指导，可谓形影不离。学习过程中，苏辙总是向哥哥请教，因此两人在文风方面颇为相似。学习之余，兄弟俩常常调侃对方。夏季的一天，兄弟俩与杨尧咨、陈建用等同窗好友在教室里读书。忽然，窗外下起了大雨。有人提议以“大雨”为主题作联句。陈建用率先说道“庭松偃盖如醉”；杨尧咨一本正经地接道“夏雨新凉似秋”；苏东坡望望窗外，看看教室，说道“有客高吟拥鼻”；轮到苏辙了，只见他若有所思地想了想，然后说道“无人共吃馒头”。大家一听，都哈哈大笑起来。

读书笔记

② 虽然兄弟俩都非常有才华，不过性格上却大相径庭。苏东坡作为兄长，才气更为耀眼，也更有个性，对什么事情都很较真、固执，不喜欢随波逐流；而作为弟弟的苏辙，反倒更内敛、沉稳，在人情世故上也比苏东坡略胜一筹，因此常常给兄

❷对比手法

将苏轼和苏辙兄弟两个的性格特点做了对比，说明了苏辙在官路上比苏轼平顺的原因。

长提出忠告。或许，这也是苏辙的仕途比苏东坡走得更为平顺的原因之一。

不管怎样，兄弟俩从来不曾有过嫌隙。翻看两人的诗词文集，我们可以找到很多他俩的互答之作，感受两人彼此鼓励、相互慰藉的兄弟情。苏东坡曾在写给好友的诗中说道："吾少知子由，天资和且清。岂是吾兄弟，更是贤友生。"他甚至经常感叹自己不及弟弟，说："至今天下士，去莫如子猛。"

公元1076年（北宋熙宁九年）的中秋，苏东坡因为思弟心切，写下了《水调歌头》，表达了"但愿人长久，千里共婵娟"的内心愿望。

谈及苏东坡，苏辙则说：[1]"自信老兄怜弱弟，岂关天下无良朋。""平足之爱，平生一人。""扶我则兄，诲我则师。"

❶引用修辞……说明在苏辙的心目中，兄长苏轼亦师亦友，有着举足轻重的地位。

苏辙几乎每一次调任都会给兄长写一首诗，苏东坡也会写诗回应。苏东坡屡遭贬谪，无论是谪居黄州，还是流放海南，苏辙都会想尽一切办法帮助哥哥，有时候甚至宁愿放弃自己的前途，也要保住哥哥的性命。这样的兄弟之情，古往今来实属罕见。

总之，苏东坡与苏辙既是亲兄弟，又是师生；既是诗词歌赋中的知己，又是官场上荣辱与共的同伴，更是彼此的精神支柱。两人之间的深情，我们将在后文的讲述中具体描述。

八娘去世

在民间传说里，苏东坡有个妹妹，叫作"苏小妹"。苏小妹才貌双全，并且嫁给了当时的青年才俊秦少游。实际上，苏东坡并没有妹妹，前文我们已经讲过，他只有一个姐姐，乳名

“八娘”。公元1052年（北宋皇佑四年），苏东坡的家里发生了一件令人痛心的事——八娘病逝了。

①八娘同两个弟弟一样，都是在父母的悉心教育下长大的，因此是个十分有才气的女子。八娘十五岁时，嫁给了表哥程之才。程之才是程夫人的亲侄子。在古代，表亲结婚是非常普遍的事。苏程两家原本打算“亲上加亲”，增进两个家族的关系。可是，事与愿违，八娘嫁到程家后，郁郁寡欢，没多久就生病了。两年后，八娘在病床上去世了。

①概括描写 用一句话高度概括了八娘同弟弟一样，也是一个才气十足的女子，说明在对子女的教育上，苏洵夫妻是同等对待，并没有因为她是女儿就不让她学习。

八娘的离世给苏洵夫妻俩带来了沉重的打击，苏程两家的关系也因此紧张起来。没有资料具体记载程夫人在这件事上的态度，但是女儿的死让苏洵十分恼怒，对程家产生了不满，甚至是仇恨。

②苏洵为女儿写了一首悼念诗。在诗中，他用犀利的字眼斥责了程家人的歹毒，暗指自己的女儿是被程家人折磨而死的。

②正面描写 表达出苏洵对女儿的深厚感情。

前文讲过，苏洵写了《苏氏家谱》。女儿去世后，苏洵让人将家谱刻在了石碑上，并且专门建了一个亭子来保护石碑，然后邀请全族人一起参加一个聚会。在聚会上，苏洵当着族人们的面大声地表达了自己的愤慨，说村里的某个豪门子弟荒淫无度，宠妾压妻；全家人都是媚上欺下的势利小人；这家人嫌贫爱富，左右官场，压榨百姓，是“三十里之大盗”；最后还告诫族人要小心提防这家人，远离这家人。

读书笔记

毫无疑问，苏洵骂的就是程家。这下子，苏程两家的关系彻底决裂了。苏洵告诫苏东坡和苏辙，让他们与程之才断交，永不往来。

兄弟俩谨记父亲的嘱咐，此后的四十多年间，从未与程之

读书笔记

才有过任何接触。一直到苏洵去世后，兄弟俩才重新与程家别的表兄弟们联系。

虽然我们不知道苏东坡的母亲在这次苏程两家的“斗争”中究竟持有什么态度，但是八娘的离世的确让她心力交瘁，以至于身体状况一天不如一天。

精华赏析

在这一部分中，讲述了苏洵夫妻对两个儿子和女儿的教育。在他们的教育下，三个孩子都非常有才气，尤其是苏轼和苏辙兄弟两个，他们不仅文学水平很高，而且兄友弟恭，相互扶持。只是可惜姐姐八娘早早离世，成为苏家的一大憾事。

延伸思考

1. 苏轼兄弟姐妹几个？分别是谁？

2. 为什么苏辙的官途比苏轼要平顺一些？

3. 苏轼和苏辙兄弟之间的感情怎样？从哪里看出来的？

相关链接

《庄子》约成书于先秦时期。这本书继承了老子学说，蔑视礼法权贵而倡言逍遥自由。全书原有五十二篇，以“寓言”“重言”“卮言”为主要表现形式，分内、外、杂篇，大体可代表战国时期庄子的思想核心。

第三章　初露锋芒

名师导读

苏东坡的父亲苏洵多次参加科举考试，都以名落孙山告终。他却把自己的孩子教育得很好，两个儿子都是才高八斗之人。苏东坡兄弟俩逐渐展露了锋芒，所以苏洵决定让两个儿子去参加三年后的贡举。你想知道他们的考试结果吗？一起到文章中看看吧。

赴京前的准备

公元1054年（北宋皇佑六年），因为苏东坡兄弟俩都已经成年，思想和文学创作方面也初现锋芒，所以苏洵决定让两个儿子参加三年后的贡举。这是礼部举行的考试，目的是选出人才参与次年春天的殿试。

可是，成年又意味着要面临人生另一件大事——婚姻。对于两个儿子的婚姻，苏洵夫妻俩有两个选择：第一，在宗族乡里中选择门当户对的姑娘作为儿媳妇；第二，等两个孩子考试中举后，京都地区的名门世家上门提亲。因为当时京都地区，富商望族普遍希望把自家的女儿嫁给未婚的举子，所以凡是中举的青年才俊，必定有好人家前来提亲。① 苏洵夫妇对两个儿子的才华是肯定的，可是他们更愿意为儿子们挑选知根知底的妻子。于是，夫妻俩便选择了第一个方案，在本地为两个儿子寻找理想的结婚对象。

❶叙述描写…… 说明苏洵夫妇对孩子的疼爱。

很快，十八岁的苏东坡就在父母的安排下娶了青神王杰之女王弗。青神在眉州的南面，两地相距十五里。王弗嫁给苏东坡时，只有十五岁。第二年，弟弟苏辙也在父母的安排下娶了本地史家的女儿。当时的苏辙只有十六岁，史小姐才十四岁。

宋朝时期，男女的结婚年龄平均为十八至二十五，所以两对新人都算是早婚。即使如此，也不是什么稀罕事。

其实，早婚对于苏氏兄弟而言，既省去了恋爱的麻烦，避免陷入感情的纷扰，又节约了更多的时间和精力，能将全部的心思用在读书治学方面。当然最庆幸的是，父母为他们所选的妻子都是令人满意的，所以两对夫妻婚后的生活都十分美满。

解决了两个儿子的婚姻问题，接下来就是为两个儿子赴京应试做准备了。② 此时的苏洵已经年近五十，虽然他曾无数次告诉自己放弃入仕的想法，可是，眼看着两个儿子中举的希望极大，苏洵的内心也燃起了新的抱负，他决定抓住这次赴京的机会再试一试，至少要让世人知道自己的文学才华。

❷心理描写…… 说明苏洵的心里依然有入仕的想法。

可是苏洵不过寓居乡野之人，如果直接去找京都的名门望族未免有些唐突了。于是，他先来到了益州太守府，找到了太守张方平。张方平是宋朝老臣，曾多次主持益州地区的考试，因此认识了苏洵，也非常欣赏苏洵的才华，还多次邀苏洵担任成都书院教席，可都被苏洵婉拒了。

张方平一听说苏洵要携子入京，十分欢喜，不仅给苏洵提供了物资，还为苏洵写了一封推荐信给欧阳修。

苏洵谢过张方平回到眉州，几天后又带着近年来所著的一些作品去了几百里外的雅州，拜见了雅州太守雷简夫。① 雷简夫虽然同苏洵没有什么往来，但初见苏洵的文章就赞不绝口，认为苏洵的史论手笔堪比司马迁；十篇政论性文章则直击政治要害，颇具范仲淹“先天下之忧而忧”的风范；而《洪范论》则体现了苏洵过人的政治才华。雷简夫对苏洵大为赏识，立刻为他写了一封推荐信。这封信同样是写给欧阳修的，他在信中极力陈述苏洵的才能，说苏洵是“天下奇才”，有“王佐之才”。

❶**正面描写**

突出了苏洵的确是天下奇才。

有了这两封推荐信，苏洵信心倍增，一切准备妥当，便带着苏东坡和苏辙奔赴京师。

考试中脱颖而出

公元1056年（嘉祐元年）春季，苏家父子三人从眉州出发，通过蜀道，穿越剑阁，翻过秦岭，历经两个多月，终于在五月到达了汴梁城。三苏在寺庙寄宿，耐心地等待着三月后的贡试。

此次贡试将由翰林学士欧阳修主持，担任试官的有韩绎、范镇、王珪、梅公仪，以及著名诗人梅圣俞（尧臣）等。

与过去的贡试相比较，这次贡试将有重大的意义。② 前文提到过，宋初科举考试只注重考生作品的文采和形式，不在乎作品是否具有思想性或现实意义，这也是苏洵屡考不中的原

❷**正面描写**

暗示这次苏洵如果还是像以前那样考试，结果还是会不中。

注释

汴梁：元朝至明朝初期对开封的称呼。

因。其实，关于宋朝的文风，一直存在反现实主义与现实主义的斗争。所谓反现实主义就是单纯的歌功颂德或无病呻吟，用华丽的辞藻来堆砌诗文，粉饰太平，忽视百姓疾苦和现实生活本身；而现实主义则相反，这种文风要求“文以载道”，即不管是写诗还是散文，都必须结合现实生活和社会问题，力求实事求是，针砭时弊。

宋朝初期，尤其是公元1004年至公元1007年这段时间（景德年间），反现实主义文风在杨亿、刘筠、钱惟演等贵族文人的倡导下十分盛行，这些人总是在闲暇之余吟唱一些毫无意义的酬唱诗，还特意将这些酬唱诗编集成册，诗集名为《西昆酬唱集》。于是，人们就将这种文风浮夸华丽的诗歌流派叫作“西昆体”。

①反现实主义诗歌的盛行使宋代初期的散文也向这个方向发展，以至于现实主义文风被压制，得不到文人墨客和政界人士的认可。欧阳修从小就是韩愈文章的爱好者，而韩愈的文风是典型的现实主义风格。十七岁时，欧阳修赴京考试，结果却因为礼部只认可反现实主义风格的诗文而名落孙山。当时被录用的人基本上都是华而不实、矫揉造作的人。欧阳修看到这样的现象十分痛心，下定决心要改变这种腐败的文学风尚。

后来，欧阳修终于中举。入朝为官后，他就同尹师鲁、范仲淹、石守道等人高举“文以载道”的大旗，在京师发起了古文复兴运动。很快，古文复兴运动就取得了相当不错的成就，发起运动的领袖们的文坛地位也逐渐确定。

与古文复兴运动同步进行的还有诗歌的革新，担任诗歌革新运动领袖的是欧阳修的好友兼诗界泰斗的梅圣俞。②他写了

读书笔记

❶概括描写

描写了宋代初期散文的走向。反现实主义诗歌的盛行，让那些现实主义文人墨客和政界人士备受打压。

❷叙述描写

以梅圣俞为领袖的诗歌革新运动取得了胜利，倡导现实主义的文人墨客和政界人士终于扬眉吐气了，在这种情况下，苏东坡他们才能中举。

很多反映民间疾苦、同情劳苦大众的现实主义诗篇，对“西昆体”发起了挑战，并且在战斗中获得了胜利。

从古文复兴运动和诗歌革新运动发起开始到这次贡举，已经有十几年的时间了，然而反现实主义的文风依旧在朝野上下盛行，有很多文人墨客依旧坚持矫揉造作、华而不实的文风。为了彻底清除这种恶气，欧阳修等人要借这次贡举进一步推广现实主义文风，并且选拔出优秀的人才，扩大现实主义的阵营。

前文说过“苏洵坚持以实事求是的文风来教导两个儿子，才为他们将来在应试中脱颖而出奠定了基础”。现在，苏氏兄弟走进考场，开始了他们人生中第一次正式的考场角逐。

这场考试对于两人，尤其是对苏东坡而言，将具有非凡的意义。

考试结束后，梅圣俞在评阅试卷时，读到一篇十分出彩的文章。[1]这篇文章不仅紧扣主题，而且不管是论证逻辑，还是论证方法都无可挑剔，更难得的是，此文的语言通畅、朴素，字字珠玑，将儒家思想展现得淋漓尽致，颇有“孟轲之风”。梅圣俞当即把这篇文章呈给了欧阳修。欧阳修仔细地品读了文章，心中狂喜，认为这样的大手笔绝非等闲之辈所作，打算将这篇文章定为第一名。可是，因为他的门生曾巩也参与了这次考试，且曾巩的才学过人，此文极有可能就出自曾巩之手，所以为了避嫌，欧阳修只好把这篇文章定为第二名。

这篇文章名为《刑赏忠厚之至论》，毫无疑问，它的作者是苏东坡，而非曾巩。在这次贡试中，与《刑赏忠厚之至论》同样出彩的，还有苏东坡的《春秋对义》一文，不过苏东坡的这篇文章顺利获得了第一名。

❶正面描写

这几句话对这篇《刑赏忠厚之至论》做了高度评价。

读书笔记

❶叙述描写

说明科举制度得到了改革，真正有实力的人才得到了欣赏和认可。

①当然，欧阳修等人所看重的曾巩，在考试中也获得了不错的名次。还有苏东坡的弟弟苏辙，虽然没有哥哥的表现出色，但也在晋级名录的前列。

很快就到了殿试的日子。殿试由皇帝亲自监察，考试内容分为诗赋和策论两个部分。三月五日，宋仁宗赵祯坐于大殿之上，在贡试中顺利晋级的三百八十名进士则端坐于殿中。殿试结束，苏东坡中了乙科，弟弟苏辙也同时中了进士。

苏梅情谊

❷正面描写

对梅圣俞做出了高度评价，也从侧面说明苏东坡有真才实学，是难得一见的人才。

②作为第一个发现苏东坡才华的人，对于中国文坛而言，梅圣俞可谓功不可没。要知道，苏东坡这样的人才堪称“五百年难得一遇”，而且他才二十出头，前途真是不可限量。

不过，这位才华横溢的青年在贡试中却犯了一个错误：他竟然在《刑赏忠厚之至论》中杜撰了几句话——

“当尧之时，皋陶为士，将杀人，皋陶曰杀之三，尧曰宥之三。故天下畏皋陶执法之坚，而乐尧用刑之宽。”

这几句话的大致意思是：尧治理天下时，有个人犯了罪，司法官皋陶要处死罪犯，可是尧不愿意轻易动用死刑。两人反复争论，相持不下。因此，天下的人都畏惧严格执法的皋陶，同时又感受到了尧的仁德。

读书笔记

很明显，这几句话体现了尧的仁慈和高超的用人之道。可是，梅圣俞在读这篇文章的时候，却想不起这个典故出自何处，但又不能贸然说自己没有读过，只好把文章递交给了欧阳修。欧阳修呢，也不知道这个典故出自哪里，但因为整篇文章的内容、思想和文风都非常好，所以对此文高度认可。

事后，梅圣俞查阅了许多典籍依旧没有找到这个典故的出处。几天后，他终于找了个机会问苏东坡道：①“你在文章中所引的尧和皋陶这段话出自哪部典籍？我怎么想不起来呢！”

❶语言描写

体现了梅圣俞严谨的治学态度。

没想到，苏东坡竟然回答道：“这是我杜撰的！”

“杜撰的？！”梅圣俞大惊道。

“是的，尧的盛德人人皆知，这样的事必然有的。”苏东坡解释道。

这样的解释未免有些牵强，但是面对这样一个难得的人才，梅圣俞只是微微笑了笑。从此，苏梅二人便结下了“师生”般的情谊，而且终生不曾改变。

②苏东坡在离开汴京的时候，梅圣俞还专门为他作诗送行，赞扬他的才华。与此同时，还送了一首诗给苏洵，称他有两个好儿子。

❷概括描写

描写了梅圣俞对苏家父子的赞赏之情。他不仅欣赏苏东坡的才华，而且与苏洵的关系也逐步加深。

入欧阳修门下

宋朝时期，凡是考中的学生都要去登门拜谒主考官，并且给各位考官写信表达自己的感激之情。

于是，苏东坡怀着激动的心情给几位主考官分别写了感谢信，且每封信的内容都因人而异。

读书笔记

在写给梅圣俞的书信中，苏东坡不仅表达了自己对梅圣俞的景仰和感激之情，而且说梅圣俞是自己的朋友、知己，甚至相见恨晚。

在写给韩琦、刘沆等执政官员的书信中，苏东坡用简朴的文笔讨论了古今得失，表达了自己的政治见解等。言语间充满了热情，彰显了自己深厚的历史知识和敏锐的洞察力，也反映了他积极靠拢统治阶级的强烈愿望。

❶正面描写 突出了苏东坡对欧阳修的崇拜和尊重。

①当然，所有感谢信中，苏东坡最为重视写给欧阳修的信。很小的时候，他就对这位古文复兴运动的领袖充满了景仰之情。在信中，苏东坡先用犀利的言辞批判了五代以来衰落萎靡的文教风俗，称浮夸谄媚、华而不实的文章为“丛错采绣之文”；接着，对仁宗的革新政策大加称赞，同时指出依旧有些士大夫在宣扬那些迂腐无用的文风之现状；然后，他针对现实主义文学的情况谈了自己的看法，认为从唐代韩愈开始，现实主义文学的人才就越来越难得，皇甫湜虽然以韩愈为榜样，但不及韩愈，而孙樵以皇甫湜为榜样，也不及皇甫湜；现如今，只有欧阳修还在努力倡导古文，启发学者；最后，苏东坡表示，虽然有很多人不认可自己，甚至有人谩骂自己，但是只要有欧阳修的认可与支持，自己就有足够的勇气去面对舆论，并且坚定不移地走现实主义的文学道路。此外，苏东坡还恳请欧阳修将自己收入门下，以便得到欧阳修的教导，让自己不断前进。

❷叙述描写 欧阳修回想起自己与反现实主义文风做斗争的过程，心里不由得一阵感慨，说明了这个过程非常艰难。

欧阳修读了苏东坡的这封信后，不禁回想起自己与以“西昆体”为首的反现实主义文风做斗争的曲折历程。②二十年前，自己与尹师鲁、范仲淹、石守道、石曼卿等友人并肩作战，一路披荆斩棘，才让现实主义文风崭露头角，逐渐压制住反现实主义文风。可是，现在的自己已经年过半百，老友们也一个个离世（当时范仲淹已经去世了），幸好这几年有了王安石、曾巩两个出色的后辈出现，否则这条路该是多么的孤寂。如今，欧阳修看到苏东坡身上的文学才华，意气风发，以及走现实主义文学道路的坚定决心，便意识到古文复兴运动的事业终于有了最佳的继承人。

欧阳修激动地对梅圣俞说道："不知道为何，我读苏轼这封信，竟然开心得大汗淋漓，真是痛快！看来，我应当为他让路，让他出人头地！"

在接下来的接触中，欧阳修对苏东坡有了更多了解，于是不无感叹地说：[①]"从反现实主义盛行至今，几十年来，终于有了子瞻这样坚持现实主义文风的人才。"欧阳修还对自己的儿子说："恐怕三十年后，就再也不会有谁讨论我的文章啰！"

❶语言描写 欧阳修对苏东坡的才能给予了高度赞赏，表达了他对苏东坡的欣赏。

事实证明，欧阳修的猜测一点没有错，后来苏东坡的文学造诣的确超过了他，以至于在苏东坡去世后十年之内，人们也依旧只谈苏东坡的文章，不再关注欧阳修的文章了。

苏东坡赢得了欧阳修的认可与赏识，被欧阳修收入门下，与王安石、曾巩等成为同门，最终成了欧阳修文学事业最优秀的继承人。

"苏氏文章擅天下"

[②]与老父亲苏洵相比较，苏氏兄弟算得上真正的"幸运儿"，两人初次参加考试就中举了，尤其是苏东坡，因为极佳的考试成绩和欧阳修等人的认可与称赞，很快便声名大噪，成了全国知名的一流学者。

❷对比修辞 苏东坡兄弟两个一鸣惊人，说明一个人即使再有才华，也要社会环境允许，才可以大放异彩。

当然，在两个儿子参与考场角逐的同时，作为父亲的苏洵也没有闲着。他刚到汴梁时，就带着自己的文章和两封推荐信去拜见欧阳修。只见欧阳修面容慈善，两耳较长，皮肤白皙，大笑时还会露出牙齿来。欧阳修之所以能够在文坛享有盛誉，被学者们敬爱，是因为他是一个以求才育才为己任的学士。于是，他热忱地接待了苏洵，然后仔细地品读他的文章。欧阳修没想到，眼前这个与自己年龄差不多的普通老翁，竟然手笔如此不凡。他对苏洵的文章赞不绝口，说苏洵堪比荀卿，还说：①“我自认为阅读了不少文章，但只喜欢尹师鲁、石守道等人的文章，不过总觉得意犹未尽。今天，我读了你的文章，心中便感到满足了！”

❶语言描写 可以看出欧阳修很欣赏苏洵的才华。

随后，欧阳修又将苏洵推荐给了宰相韩琦。韩琦对苏洵也是大加称赞，认为苏洵的政治见地甚至超过了贾谊。而后，苏洵在韩琦的介绍下，又结识了其他一些高官显宦。

就在苏东坡兄弟二人中举的时候，他们父亲的二十二篇著作也被欧阳修呈献给了朝廷，并且得到了皇帝的赞赏。

很快，苏洵的文章就在士大夫和学者间传诵开来，大家争相阅读，点头称道。与此同时，苏东坡兄弟俩在考试中所著的文章也被人们传阅、认同和赞赏。一时间，汴京就形成了“苏氏文章擅天下”的新局面。

“三苏”的称号也因此而来。②谁能想到，一位年逾五十、两鬓斑白的老父亲带着两个朝气蓬勃、才华横溢的儿子从蜀地而来，竟然像一股狂风般席卷了整个汴京文坛，给迂腐陈旧的文坛带来了巨大的冲击，同时也给欧阳修所领导的现实主义文学阵营注入了一股新的力量，大大增强了现实主义文学阵营的战斗力。

❷比喻修辞 用一股狂风比喻“三苏”给整个汴京文坛带来的影响，突出了他们带来的冲击力非常巨大。

精华赏析

这一部分主要讲述了苏洵带着两个儿子苏轼、苏辙进京赶考的事情。这次考试，正好赶上现实主义文风占据上风，欧阳修等几位主考官公正严明，对他们父子三人都非常赏识。“三苏”给整个汴京迂腐的文坛带来了巨大的冲击。

延伸思考

1. 苏东坡这次参加考试，主考官是谁？

2. 在这次考试中，苏东坡写了什么文章？

3. “三苏”父子参加考试时，宋朝的宰相是谁？

相关链接

欧阳修（1007—1072），字永叔，号醉翁、六一居士，吉州永丰（今江西省吉安市永丰县）人，北宋政治家、文学家，领导了北宋诗文革新运动，是宋代文学史上最早开创现实主义文风的文坛领袖。因为吉州原属庐陵郡，所以他就以“庐陵欧阳修”自居。欧阳修在变革文风的同时，也对诗风、词风进行了革新。

第四章　母亲病逝与举家搬迁

名师导读

苏东坡的姐姐八娘年纪轻轻就去世了，她的去世给父母带去了沉重的打击，尤其是她的母亲，身体越来越不好了。在苏洵父子三人备受人们赞赏、仕途生涯即将开启的时候，苏东坡的母亲程氏去世了。

返乡守丧

❶叙述描写　“三苏”的入京，促使苏家的社会关系发生了很大的改变。

[①] 第一次入京，“三苏”便初露锋芒，既得到了文坛泰斗们的认可，又结识了韩琦、富弼、文彦博、范镇、刘沆等执政派人物，这让苏家的社会关系发生了巨大的变化。此外，按照当时的制度，苏东坡兄弟俩中举后便可以接受官位。然而，正当他们的仕途生涯即将开启的时候，家中却发生了巨大的变故——母亲程氏病逝了。

按照儒家礼节，凡是父亲或母亲去世，子女必须回家守丧，即使官至宰相的人也必须立刻退隐，等两年三个月的守丧期满才能复职。“三苏”离家时，只留下了程氏和两个儿媳妇在家。可惜，程氏还没有听到两个儿子中举的好消息就病逝了。

父子三人一接到家中的噩耗，就匆忙启程，日夜不停，好不容易才回到了家。只见家中乱成一团，屋顶穿漏，篱墙倾倒，破败不堪。

三人着手处理程氏的后事，将其葬在了一个叫“老翁泉”的山坡下，此后这里便成了苏家的祖茔，苏洵也因此被人们称为“苏老泉”。他曾在妻子的祭文里写道：

[①]“昔余少年，游荡不学，子虽不言，耿耿不乐。我知子心，忧我泯没。感叹折节，以至今日……有蟠其丘，惟子之坟。凿为二室，期与子同。我归旧庐，无有改移。魂兮未泯，不日来归。”

①引用修辞 表达了苏洵对妻子的感激之情，同时也表达了死后要与妻子葬在一起的想法，体现了他对妻子的爱。

由此可见，苏洵之所以能够在为人父后发奋苦读，的确与妻子的隐忍与理解有关系，他对妻子的情感之深也可见一斑。后来，苏洵死后，也葬在了老翁泉，如同他在祭文中所讲的一样：“凿为二室，期与子同。我归旧庐，无有改移。”

很快，在家的日子就过去了一年，守丧期还有十五个月。这期间，东坡兄弟俩各自与自己的妻子生活在一起。苏东坡隔三岔五便去青神的岳父母家。王家是个大家庭，岳父王杰共有兄弟三人，再加上各自的妻妾子孙，约有三十人。而青神又是个有山有水的好地方，山上还有一些佛寺。[②]白天，苏东坡就同妻子家的表兄弟们一起去佛寺参拜，去山间游玩，去溪边野餐；夜晚，他常常和大家一起坐在院子里吃蚕豆、瓜子……这样的日子实在是太惬意了。

②正面描写 描写了苏东坡与妻子家的表兄弟们一起出游玩乐的惬意生活。

老苏两拒圣意

程氏去世，两个儿子是必须守丧，但作为丈夫的苏洵却不必。所以，苏洵一直在等京中的任命通知，因为他在离京前曾有高官显宦承诺于他，会在朝廷为他谋求合适的官职。可是，一年多过去了，苏洵始终没有接到京城的任何通知。一直到 1058 年（嘉祐三年），京中才来了一道圣旨——皇帝让苏洵去京城参加一场特殊的应试。①这样一来，接到圣旨的老苏反倒不知所措了，因为他从二十多岁开始参加考试，一直屡考屡败，所以已经五十多岁的他早已对考试产生了畏惧心理。

老苏经过反复思量，最后给皇帝写了一封书信，以年老体衰为由推辞了皇帝的美意。

这点在他写给雷简夫的信中可以得到印证：②“仆已老矣，固非求仕者，亦非固求不仕者……何苦乃以衰病之身，委曲以就有司之权衡，以自取轻笑哉？”

可见，苏洵的意思是自己老了不适合再做官了，但是并不是不想做官，而是不愿意屈身去参加考试，让人笑话。此外，在写给梅圣俞的信中，苏洵也说：“唯其平生不能区区附和有司之尺度，是以至此穷困。”言外之意是说自己这一生正是因为不符合考试录取的标准才这样穷困潦倒的，现在还去参加什么考试呢？

尽管如此，第二年六月，皇帝又下了一道圣旨让苏洵去京中，可并没有说免去考试。苏洵无论如何也不想再像青少年那样去应试了，于是，他再次给皇帝写了一封信，回绝了皇帝的好意，并且在信中说自己年过半百，力量微弱，实在是无法报效国家，作为学者不能为朝廷服务，内心非常愧疚，然而这个时候再去考试，别说报国的机会渺茫，就连隐逸贤达的清誉也丢了。最后，苏洵又在信中补充道：下个月，孩子们的服丧期就满了，到时，他会同两个儿子一起回京，具体情况再详细说明。

❶解释说明

写出了苏洵接到圣旨之后的心理变化过程，说明他对考试已经产生了畏惧的心理。

❷引用修辞

表达出他对考试的厌倦和恐慌心理。

读书笔记

[①]只要仁宗仔细品读这封信，就会明白苏洵的真实想法：只要仁宗不让他参加考试，他就会义不容辞地为朝廷效力。

❶侧面描写

面对朝廷的圣旨，苏洵再次拒绝了，但是他在信里面含蓄地表达了自己的意思。

举家入京与《南行集》

这年冬天，已经过了守丧期的苏氏兄弟在苏洵的带领下，再次启程入京。不过，这一次，不仅仅是苏氏父子三人去京城，而是举家搬迁。因为程氏已经离世，苏东坡和苏辙也已经是进士了，只要朝廷有合适的职务，他们俩就能顺理成章地任职。所以，去京城定居是苏家此时最好的选择。值得一提的是，此时的苏洵已经添了长孙，这个孩子是苏东坡的长子，名叫苏迈，还不到一岁。有了这个孩子，全家人一路上更是欢声笑语。

这次，他们所走的是另一条路线：[②]从眉山出发，到嘉州坐船，沿岷江走水路，经犍为和宜宾，入长江，过三峡，到江陵后改为陆路，再经由襄阳进入河南，最后到达汴京。全程有七百余里水路，四百余里旱路，共计一千一百多里，至少要走五个月。

❷详细描写

描写了苏家一行人去京城的路线，并通过具体的数字突出了路途遥远。

虽然是赶路，但一家人并不着急，反倒以游历的心态观赏一路的山水美景，同时吟诗作赋，陶冶性情。

他们从嘉州上船后，走了约一个月才到了四川的东部边界，接着便进入长江，朝着壮丽而险峻的三峡进发。三峡包括瞿塘峡、巫峡和西陵峡，前两者在四川境内，后者在湖北宜昌以北。[③]三峡路段的江流有一百二十多里，这一百二十多里水路可不是一般人能走的，需要船夫具有极为熟练敏捷的驾驶技术才能通过，否则悬崖峭壁间的水窝、水下隐伏的暗石等都会

❸叙述描写

详细叙述了三峡路段的江流情况，突出了这里非常危险。

给船带来致命的打击。所以，这里每年都会有许多船只沉没，有很多人因此丧生。

但是，三峡的景色的确壮丽无比，令人目不暇接，即使放眼世界，也很难再找到这样雄奇的景致。

山猿的悲啼，鸟雀的鸣叫，溪水的幽响，野花的娇艳，还有交错不断的旋涡，数百尺的悬崖峭壁……这一切不仅让苏东坡开阔了视野，而且带给了他心灵的震撼，于是他不禁吟诗道：

❶引用修辞

描写了三峡的悬崖峭壁、溪水旋涡、野花鸟雀等，真是一幅雄伟的画面。

[1] 入峡初无路，连山忽似龛。
萦纡收浩渺，蹙缩作渊潭。
风过如呼吸，云生似吐含。
坠崖鸣窣窣，垂蔓绿毵毵。
冷翠多崖竹，孤生有石楠。
飞泉飘乱雪，怪石走惊骖。

原本以为出了三峡就可以放心前进了，谁料，出现在眼前的竟然是一条狭窄难行的夹道。此处名为“新滩”，据说，这里曾经发生过山崩，岩石滚落堆积在江心，船只无法前行，后来人们在乱石中勉强凿开了这条通道。此处风雪非常大，以至于苏家人在此滞留了三天。苏东坡还特地写了一首长诗记录他在这里的所见所闻。诗中的“扁舟转山曲，未至已先惊”“白浪横江起，槎牙似雪城”等句子，形象地展现了新滩的艰险。

等到风雪小了，一家人再次出发，经过峰峦起伏的黄牛山和苍劲险怪的崖石——“虾蟆培”，就到了江陵。按照计划，到江陵后，苏家便弃船登陆。[2] 从出发到现在，已经走了两个多月，一家人决定在江陵稍作休息，然后再改陆路前行。

❷正面描写

再次体现了路途的遥远和艰辛。

江陵又叫作荆州，苏氏父子三人先去拜访了荆州太守，然后在这里度过了春节。趁着空闲，苏东坡与苏辙便将三人一路上作的一百多首诗整理成册，定名为《南行集》。

《南行集》中不光有描绘一路风光美景的作品，还有不少吊古访幽之作。苏东坡在看到忠州的“屈原塔”时，便作诗表达自己对屈原的敬爱之情；在经过昭君村时，又作诗凭吊为国赴边塞的昭君；还有怀念韩非子、悲悯杜甫、感慨诸葛亮等有感而发的诗作。

此外，苏东坡对荆楚一带百姓的生活情况与风俗文化也有非常深刻的感触，因此《南行集》中也不乏这方面的作品。①“煮菜为夜飧，安识肉与酒”“朔风吹茅屋，破壁见星斗”“山下耕牛苦硗确，两角磨崖四蹄湿。青刍半束长苦饥，仰看黄牛安可及”，等等，都体现了苏东坡对荆楚穷苦百姓深切的同情。

❶引用修辞

描写了荆楚一带老百姓的贫苦生活，表达了苏东坡对老百姓的关心和同情。

收录在《南行集》中的苏东坡的诗歌，可谓其诗歌作品的起点，虽然还没有完全形成诗的个性特征，但是清新淳朴的风格，简练准确的语言，各类生动的意象，以及匠心独运的表现手法，丰富的思想内容等，都展现了苏东坡非凡的写诗才能。

可见，《南行集》中的诗歌，主要描绘了祖国自然人文风貌，展现了老百姓的生活风貌，表达了苏东坡吊古访幽、同情百姓等感情，且苏东坡此时的诗歌主要以杜甫为典范，采用了现实主义的创作手法。

公元 1060 年（嘉祐五年）初，苏家从江陵启程，走了两个多月的旱路，终于到达汴京。

注释

韩非子：战国末期著名思想家，法家代表人物。世人尊称韩非子或韩子。

❶举例子　说明苏东坡在陆路途中写出了众多作品，体现了他卓越的文学水平。

[①] 在陆路的行程中，苏东坡又写了好几首出色的诗歌，如《船夫吟》《野鹰来》《上堵吟》《新渠诗》等，不过与前面的诗作相比，这些诗更注重格调、节奏和形式上的美感。

苏家抵达汴京后，便在远离街道的地方买了一栋带花园的房子。房子虽然不大，但环境清幽，非常适合“三苏”这样的文人雅士居住。一切安排妥当，接下来就是静静地等待朝廷的消息了。

精华赏析

这部分主要讲述了苏东坡的母亲程氏因病去世，全家人举家迁往京城的事情。从眉州到京城，路途遥远，不仅要走水路，还要走陆路，经过将近半年的时间，他们才到达京城。途中，苏东坡留下了很多诗作佳篇。

延伸思考

1. 苏家举家迁往京城，途中要经过多长时间？

2. 在前往京城的途中，苏东坡留下了哪些诗作？

3. 请在文章中找出描写三峡风景的诗句。

相关链接

屈原（前 340—前 278），战国时期楚国诗人、政治家，被人们称誉为“中华诗祖”“辞赋之祖”。屈原是中国历史上第一位伟大的爱国诗人，是“楚辞”的创立者和代表作者。楚辞的兴盛标志着中国诗歌进入了一个由集体歌唱到个人独创的新时代。

第五章 开启政治生涯

名师导读

苏家全家迁到京城，从此之后，苏东坡就要踏上仕途了。他和弟弟苏辙参加了两场考试，并在考试中取得了骄人的成绩，苏东坡还写了很多策论呈交给朝廷，得到了皇帝的赏识。

凤翔判官

公元1061年（嘉祐六年），苏东坡与苏辙又参加了两场考试：考京都部务和对答制策。①苏东坡在考试中写了《王者不治夷狄》等六论，被朝廷赐予三等。宋初以来，只有苏东坡和吴育两个人的制策获得了这样高的成就。随后，苏东坡又写了二十五篇策论呈交朝廷。这些策论都是关系国计民生和国家政策方针的论文，其中有很多篇策论后来成了学生们必读的文章。

❶**正面描写** 苏东坡在考试中写的文章获得了高度认可，被赐予三等，表现了他超凡的政治思想理论水平。

在策论中，苏东坡一方面揭示当时社会中逐渐显现的各种矛盾，提出了对应的政治改革意见；另一方面，又站在热爱国家的立场上，对西夏、北辽与宋朝之间的民族矛盾问题进行

❶概括描写

对苏东坡写的策论内容进行了高度概括，表达了他体恤百姓、热爱国家的思想。

了阐述，提出了要“必至于战”的方针。[①]因此这些策论既看到了民间问题，符合老百姓期盼改革的强烈愿望，又为统治阶级提出了一些可行性较强的政治策略。这些策论所体现的思想有部分是苏东坡从老苏那里继承而来的，但更多的是他自己独到的见解，因此在极大程度上反映了苏东坡青年时期的政治思想，也是苏东坡在很长一段时间内政治行动的准则。

通过这次考试，二十四岁的苏东坡被任命为大理评事，签书凤翔府判官，负责凤翔地区军事文书事宜。宋朝为了巩固朝廷集权，削弱各州县最高行政官的权力，所以特地在各州县设置了副长官一职，专门管理该州县的公文奏议的工作。

与此同时，苏辙被任命为商州军事通官；而他们的父亲苏洵也在没有通过考试的情况下，获得了校书郎一职，这倒是非常符合他本人的心意。

父子三人都获得了官职，这自然是值得高兴的事，可是眼下有一个难题：苏东坡要到凤翔去任职，苏辙要去商州，而老父亲的官职在京城，如果东坡兄弟二人各自去任职，那么京城就只留下老父亲一人了。[②]这可如何是好？兄弟俩商议后决定，苏东坡先去凤翔任职，苏辙辞去外地官职，留下来照顾父亲。于是，苏辙将哥哥嫂嫂送到了京城四十里外的郑州后，便返回京城。这是苏氏兄弟俩人生中的第一次分别，而且一分别便是三年。

❷设问修辞

重点突出了兄弟二人为了照顾父亲而做出的决定，反映出父子之间的深厚感情。

苏东坡看到风雪中马背上弟弟瘦弱的背影，感慨颇深，不禁写了一首诗寄给弟弟。这首诗的末尾两句是：“寒灯相对记畴昔，夜雨何时听萧瑟。君知此意不可忘，慎勿苦爱高官职。”从此，兄弟二人便以“风雨对床”为约，寄托彼此间的思念之情。与此同时，兄弟二人每个月都会互寄一首诗，通过这种方式来了解彼此的境况和心情。

"苏贤良"

现实与理想往往存在着差距，二十多岁的苏东坡满腔热血来到了陕西西部的凤翔县，可当他真正上任后才知道当官并没有他想象的那么容易。

① 凤翔同西夏相邻，是北宋重要的军事战略区域，战争消耗了大量的人力物力，以至于百姓赋税压身，苦不堪言。当时，根据北宋的衙前法，府库和官物等都由老百姓轮流保管或运输，为了将边陲需要的物资按时按量运送到位，老百姓不仅要砸锅卖铁筹集经费，还要编造木筏渡过渭河和黄河，才能到达边陲。要是哪个环节出了问题，那老百姓就遭殃了：必须倾家荡产地赔偿军用物资，否则就会赔上全家性命。所以，官府会将负责保管府库和物资运送的百姓家中的所有东西进行估价，然后收缴相应的科役钱，以作抵押。这就给官员贪污创造了大好的机会，而百姓被这样的强取豪夺压得喘不过气来，生活也日益贫苦潦倒。

❶**背景介绍**……
描写了凤翔县的社会现状。

② 用苏东坡的话来说，衙前法就是"破荡民业"，他眼睁睁地看着百姓们的痛苦，心中愧疚难当，于是上书韩琦，将衙前法的弊端一一述来，并且提出了修改意见。终于，在苏东坡的努力下，百姓们的负担在一定程度上得到了减轻。可是，当他在清点了农民欠官府的债务后，新的问题又来了。农民们穷困难当，根本没有能力偿还累累债务，每当庄稼成熟的时候，衙

❷**正面描写**……
苏东坡看到百姓们的生活日益穷困潦倒，就上书朝廷，提出修改意见，表达了他对百姓的关心。

门就会派人去要债，而“债户”们因为无力偿还债务，总是被官兵鞭笞。[①]苏东坡看到这些，内心非常难受，他又向朝廷反映情况，让朝廷免去当地农民的债务。但是，朝廷以抵御外患为由，没有同意苏东坡的申请，反而强迫当地百姓去当兵。

❶对比手法

苏东坡对老百姓的怜悯和朝廷对老百姓的剥削压榨形成鲜明的对比，更突出了老百姓生活的艰苦。

在这样的情形下，凤翔地区又遇上了旱灾，苏东坡看到凤翔百姓如此困苦艰难的生活状态，泣不成声。然后，他克服内心的悲痛情绪，鼓起勇气面对现实，用批判的态度斥责了朝廷几十年来“取之无术，用之无度”的现象，并且向统治者揭示了“民日困，官日贫”的道理，表达了希望统治者能进行改革的强烈愿望。

据记载，为了缓解凤翔地区的旱灾，苏东坡曾多次亲自登上秦岭的太白峰，到山上的道士观向龙王求雨。为了纪念第一次求雨成功，他特意将自家花园里的亭子改成了“喜雨亭”，并且写下了《喜雨亭记》，表达了自己与民同乐的心情。

[②]苏东坡体恤百姓，一心一意为人民办实事的作风赢得了凤翔百姓们的认可和拥戴，人们因此称他为“苏贤良”。

❷正面描写

苏东坡一心为老百姓着想，赢得了人们对他的尊敬和爱戴。

文艺进展

众所周知，陕西是我国文化的发源地之一。渭水流域附近处处是历史的痕迹，而凤翔便是周朝的发源地，因此这里的名胜古迹自然不少，如周公庙、秦穆公墓、后汉马融石室，以及诸葛亮病逝的五丈原，等等。

苏东坡从小就热爱大自然，喜欢游山玩水，所以在凤翔生活期间，他经常外出遨游，或体察民情或饱览古迹名胜，在文学创作和书画艺术方面都有了新的进展。

早在《南行集》中，苏东坡的诗人才华就已经显现。[①]在凤翔时，他写下了《郿坞》《李氏园》《和子由苦寒见寄》《馈岁》《别岁》《守岁》《和子由踏青》《和子由蚕市》等精彩的诗歌作品。这些诗歌无论是风格、手法，还是取材与思想情感等，较之《南行集》中的诗歌，都有了很大的发展，在更大的程度上继承和发扬了“诗圣”杜甫的诗作特色。《郿坞》以犀利的言辞讽刺了董卓的残暴贪婪；《李氏园》借古讽今，以斥责五代军阀李茂贞强夺民田、欺压百姓的无耻行为来鞭笞当今贪官污吏；《馈岁》《别岁》《守岁》《和子由踏青》《和子由蚕市》等则以四川民风为主，既展现了故乡淳朴的民俗，又抒发了诗人对故乡和童年时光的怀念之情。最值得一提的是《和子由苦寒见寄》，这是苏东坡第一首具有民族正义感和爱国主义精神的诗歌。苏东坡身处凤翔，而凤翔有强邻西夏，民族矛盾十分尖锐。在保家卫国思想的影响下，他写下了《和子由苦寒见寄》。[②]从“丈夫重出处，不退要当前。西羌解仇隙，猛士忧塞壖”“庙谋虽不战，虏意久欺天。山西良家子，锦缘貂裘鲜。千金买战马，百宝妆刀环。何时逐汝去，与虏试周旋”等诗句中，我们看到了一个具有保家卫国斗志的青年士大夫形象。不仅如此，苏东坡还积极学习兵法知识、箭术等。由此可见，在面对尖锐的民族矛盾时，苏东坡要与敌人战斗到底的决心之大。

从凤翔时期所作的诗歌、散文来看，苏东坡此时的思想是复杂的。一方面，作为才华横溢的读书人，他的潜意识里拥有一种孤高自傲情绪，因此他批判功名利禄，嘲笑自己入仕的庸俗，更为埋头苦判、索债问囚的公务感到痛苦羞愧；另一方

❶举例说明

说明苏东坡在为官期间，并没有放弃文学创作。

❷引用修辞

表达了苏东坡强烈的爱国思想，刻画了一个具有保家卫国志向的人物形象。

面，作为男子汉、士大夫，面对朝廷对外苟且偷安的情况，内心又燃起了昂扬的斗志，所以他鼓励自己以国家大局为重，努力武装自己，让自己变得强大起来，以驰骋沙场，为国效力。

①这个时期的苏东坡在绘画和书法艺术上也有所突破。绘画方面，因为凤翔有开元寺、天柱寺、真兴寺等许多古寺，所以苏东坡一有空闲，不是游山玩水，就是去各个寺院欣赏壁画，抑或是到友人家中品鉴吴道子画像，兴趣来时，还会在绘画作品上写下几句诗词或艺术评论。②那时的苏东坡尤其喜欢王维的画作，他曾说："味摩诘之诗，诗中有画；观摩诘之画，画中有诗。"如今，这句话俨然成了人们评论王维诗画最合适不过的论点了。

❶概括描写

这是一句非常精练的句子，不但突出了苏东坡的多才多艺，而且在文章结构上起到了承上启下的作用。

❷引用修辞

对王维的画给予了高度评价，表达了他对王维画作的欣赏。

书法艺术方面，苏东坡因为从小就练习书法，所以书法功底颇深。不仅如此，他对书法艺术还有自己的独特观点。"端庄杂流丽，刚健含婀娜"的书法审美观就是苏东坡提出来的，在当时，这一观点被很多人认可，因此苏东坡曾自信地说道："吾虽不善书，晓书莫如我。"

官职变更，发妻病故

苏东坡在凤翔任职期间才二十多岁，在人情世故方面缺乏经验，反倒是妻子王氏更为精明务实，懂得人与人之间的利害关系。因此，妻子虽然欣赏自己这位才华过人、年轻英俊的丈夫，但是当她了解了丈夫坦率直白，容易急躁动怒的性格之

读书笔记

注释

吴道子：唐代著名画家，画史尊称画圣，又名"道玄"。

后，更多的是在生活小事上提醒丈夫，帮助丈夫客观冷静地处理人与人之间的交往关系。

[1] 关于苏东坡的任性，或许可以用一件他自认为不太光彩的事情为例来展现一下。话说，东坡初到凤翔时，与自己的顶头上司宋太守相处得非常不错。但是，没过多久凤翔就换了一位新太守。这位太守姓陈，为人极其严厉、刻板，本与苏东坡同乡，可是两人的性格和办事风格总是格格不入，免不了争论，甚至有恶语相向的时候。终于，东坡找到一个报复陈太守的好机会：陈太守要为刚建的“凌虚台”刻一个石碑，但不知道为什么，他偏偏找苏东坡来写碑文。这下子，苏东坡便大展所长，用巧妙的言辞对陈太守进行了讽刺，还描绘了将来凌虚台坍塌的样子。东坡本想借这篇《凌虚台记》戏弄陈太守一番的，不料，这陈太守竟然一字不改地让人刻在了碑上。这样一来，难堪的反倒是苏东坡自己了。此后他便有意改善两人的关系，最后两人竟然成了彼此敬仰的好友。太守去世，东坡还为其写了一篇墓志铭。陈太守的儿子陈慥也成了苏东坡一生的挚友。

❶过渡句 写出了苏东坡性格上的任性，同时起到了引出下文的作用。

读书笔记

不过，东坡刚到凤翔时，的确把所有人都视为好人，认为“天下无坏人”，也因此结交了不少朋友。可是，苏夫人却不以为然。一天，苏东坡在客厅接待客人，苏夫人则隔着屏风听外面的谈话。客人离去后，苏夫人便对丈夫说道：“你根本不必跟他说那么多，因为他只是在奉承你而已。”苏夫人多次提醒丈夫警惕那些泛泛之交，并且指出“速成的交情靠不住”。这或许就是“君子之交淡如水”的交友原则。很显然，苏夫人的观点是正确的，因此苏东坡在夫人的提醒下，顺利度过了三年的凤翔府判官生活。

公元1064年，苏东坡在凤翔的任职期满，就按照朝廷规定，带着妻儿返回了汴京，然后进入了登闻鼓院，从事处理奏表类的公务。

哥哥既然归来，弟弟自然就可以外出磨炼了。不久，苏辙就去大名府任职了。

❶正面描写…………说明苏东坡的文采得到了两任皇帝的认可。

这时，恰逢宋仁宗去世，宋英宗即位。① 宋英宗对苏东坡的才华早有耳闻，因此打算破格提拔东坡为翰林院制诏。可是，当时的宰相韩琦不同意，说苏东坡虽然有过人才华，但是缺乏经验，应该让他多多锻炼，不适宜过早地给予地如此高的官职。英宗又打算让苏东坡担任记载公务的要职，韩琦也不同意，向英宗提议让苏东坡去教育部任职，而且必须再进行一次入职考试。英宗虽然认可苏东坡的才能，但是对韩琦的坚决态度无可奈何。

❷正面描写…………苏东坡得到了史馆这个职位，无疑是如鱼得水。

② 公元1065年，二十八岁的苏东坡再次走入考场，参加入职考试，并且以前三名的成绩，顺利获得了史馆之职。或许，对于酷爱读书品画的苏东坡而言，这倒是个不错的差事。他借此机会饱览珍品文集、大家手稿、名人书画等。

然而，正当苏东坡乐在其中的时候，妻子王氏却突然病重了。五月份，年仅二十五岁的王弗便因病去世，只留下一个六岁的儿子在苏东坡身边。我们无法探知妻子离世的时候，东坡的精神上到底受到了多大的打击，但是却能从王弗去世十周年时，苏东坡写给她的悼亡词中感受这位丈夫内心难以言喻的痛苦和对亡妻深深的思念之情。此词如下：

❸引用修辞…………表达了苏东坡对妻子深深的思念之情。

③“十年生死两茫茫，不思量，自难忘。千里孤坟，无处

话凄凉。纵使相逢应不识，尘满面，鬓如霜。夜来幽梦忽还乡，小轩窗，正梳妆。相顾无言，惟有泪千行。料得年年肠断处，明月夜，短松冈。”

——《江城子·乙卯正月二十日夜记梦》

读书笔记

老父离世

还没等苏东坡从失去妻子的痛苦中走出来，第二年的四月，父亲苏洵又与世长辞了。

苏洵从 1061 年开始做校书郎，后改为霸州县主簿，但两个职务都只是一种“敷衍”。无论是赵王室，还是推荐他为官的宰相韩琦，都不重视他的政见，再加上富弼处处与他针锋相对，因此五年多来，他的政治生涯并不得意。① 担任霸州县主簿后，苏洵就一门心思修礼治学，为世人留下了《太常因革礼》百卷，《文集》二十卷，《谥法》三卷，将未完成的《易传》校注工作交给了苏东坡。

❶叙述描写

叙述了苏洵为后世留下的作品，突出了他在修礼治学方面的卓越成就。

父亲去世，东坡兄弟二人即刻辞去官职，将父亲和王弗的灵柩运回故乡。由于路途遥远难行，兄弟二人用了一年多的时间才到达眉州，然后将已故的两位亲人分别葬在了母亲墓穴附近。

读书笔记

这时，距离守丧期满还有一年多。祖茔附近那三千棵松树便是这期间种上的。与此同时，苏东坡还专门为父亲立了一座庙，以供奉父亲的遗像。

等到守丧期满，东坡便按照当时的习俗再娶，而他所娶的新娘不是别人，正是亡妻的叔叔之女王闰之，乳名“二十七娘”。二十七娘比东坡小十二岁。十年前，东坡在为母亲守丧期间去青神时，二十七娘还是一个八九岁的小女孩，如今已经出落得落落大方。此次，全凭闰之哥哥的牵线搭桥，才促成了东坡与闰之的婚事。[1] 闰之虽不及堂姐精明能干，但性情温和，尊重丈夫，一心一意抚养堂姐的遗孤和自己与丈夫的孩子，即使在东坡最贫困潦倒的时候也不离不弃。

❶正面描写 介绍了苏东坡第二任妻子王闰之的性格特点，说明她是一个温和、坚强、善良的女子。

1068 年，东坡兄弟二人守丧期已满，便于十一月启程，再次举家入京。

精华赏析

这一部分主要描写了苏洵父子迁往京城之后的事情，重点描写了苏东坡到凤翔县为官的情形。他一心报效祖国，体恤百姓，为百姓做了很多事，被人们称为“苏贤良”。不幸的是苏东坡的妻子和父亲苏洵先后去世，给苏东坡带来深深的痛苦。

延伸思考

1. 苏东坡第一次上任，为官一方的地方是哪里？

2. 当地的老百姓称苏东坡为什么？

3. 有一个太守，和苏东坡是同乡，刚开始两人不和，后来成为好朋友，这个人是谁？

相关链接

宋英宗赵曙是北宋第五位皇帝，原名赵宗实，后来改名为赵曙，是濮王赵允让的儿子，过继给了宋仁宗。1062 年，他被立为皇太子，1063 年，赵曙即帝位。在位时间为五年，去世的时候才三十六岁，谥号为宪文肃武宣孝皇帝，庙号英宗，葬于永厚陵。

第六章　变法旋涡

名师导读

苏东坡在凤翔县的时候，看到人们生活穷困潦倒，就上书朝廷，希望能够改革，可惜没有得到支持。宋英宗驾崩之后，宋神宗即位，宋朝迎来了一场前所未有的大变革。

“怪人”王安石

1067年的上半年，宋英宗驾崩，他的儿子赵顼即位，是为宋神宗。因此，当苏东坡与苏辙二人于1069年抵达汴京时，这位新皇帝已经登基一年多了，这代表着宋朝政治即将迎来一场前所未有的大变革。掀起这场政治变革的人就是苏东坡的同门师兄——王安石。

❶人物介绍

对王安石进行了概述，并突出了他的文学造诣。

① 王安石是北宋时期杰出的文学家、政治家和改革家。就文学方面，他是欧阳修古文复兴运动阵营中一位出色的后辈，其诗歌和散文都颇有成就。所以欧阳修、富弼、文彦博等老一辈文臣都非常器重王安石。不仅如此，就连同辈中的司马光、

韩维、范镇、刘恕、韩绛、吕公著，还有苏东坡等人都非常欣赏他的才华，彼此间的来往十分频繁。在嘉祐年间，王安石还是最为吸引士大夫阶层的知识分子的三大领袖人物之一，另外两位分别是欧阳修和司马光。

诚然，王安石在青年时期是个非常勤勉的学生，甚至很多时候都是通宵苦读，所以在文学创作上也有很大的成就。[1]可是，落到生活方面，在很多人眼里，王安石就是一个仪表邋遢、饮食敷衍的“怪人”。据说，王安石常年不换衣服，就连吃进嘴里的东西是什么也不在乎，甚至在神宗面前误食了一盘用来钓鱼的鱼饵。

❶正面描写

描写了王安石在生活方面的不修边幅和敷衍，活得非常随意，是一个有真才实学、不在乎外在物质层面的人。

或许，有人会说王安石是一个不在乎物质层面、只在乎精神追求的真正学者。但在东坡的父亲苏洵看来，王安石却是个矫揉造作的伪君子。苏洵有一篇非常著名的文章，叫作《辨奸论》，这篇论文后来被历代学生所喜欢和品读。在文中，苏洵对王安石进行了近乎刻薄的描述：[2]“夫面垢不忘洗，衣垢不忘浣，此人之至情也。今也不然，衣臣虏之衣，食犬彘之食，囚首丧面而谈诗书，此岂其情也哉！凡事之不近人情者，鲜不为大奸慝。”苏洵认为这种矫揉造作、不近人情的人是不可深交的，而且这种人一旦得势，必然会给国家和百姓带来灾难，引起天下大乱。

❷引用修辞

表达了苏洵对王安石的不喜，甚至是反感。

据了解，苏洵的好友张方平曾与王安石一起共事过，对王安石的人品颇为了解。因此，苏洵对王安石的看法或多或少地受到了好友的影响，但是苏洵并不希望自己的话应验，所以在文章中感叹道：“使斯人而不用也，则吾言为过，而斯人有不遇之叹。孰知祸之至于此哉！不然，天下将被其祸，而吾获知言之名，悲夫！”

❶对比修辞

可以看出苏洵对王安石的不喜程度非常深。

[1]不过，王安石却非常愿意结交苏氏父子，可是苏洵并没有给对方“好脸色”，甚至在王安石母亲去世的时候，苏洵也没有去参加葬礼。

王安石的“怪”，不仅仅限于仪表和生活细节方面，还在于他数次拒绝朝廷给自己提升官位的异常举动。1042年，刚刚二十出头的王安石便中了进士，并且担任淮南节度判官一职。[2]然而，当三年任期满时，王安石却拒绝到京中的馆阁任职，反而甘愿做鄞县知县。在鄞县，他建堤筑堰、扩办学校，还创建了农民贷款法等多种改革措施。王安石在体现自己新社会理想的同时，也取得了斐然的政绩。四年任期满后，王安石又任舒州通判。在舒州，他同样取得了极佳的政绩，获得了老百姓的拥戴。朝廷多次让他入朝为官，但都被他以各种理由拒绝了。一直到1060年，他才接受了三司度支判官一职，来到了京城。后来，王安石母亲去世，他返乡守丧，但守丧期满后，又拒绝来京城，只留在了金陵做官。

❷正面描写

王安石在任期满后，没有贪恋官位，而是深入基层，实打实地为老百姓办事。

王安石在担任三司度支判官期间曾给仁宗写过一封万言书。在书中，他用谨严的逻辑、铿锵有力的言辞阐明了自己关于财政改革的观点，指出宋朝建立五十多年来，国家财力之所以一直处于疲乏状态，是因为缺乏一个行之有效的经济良策。因此，他建议仁宗从官制、财政和教育等各个方面对政府进行彻底的改革。但是万言书并没有引起仁宗的重视，很快便被束之高阁了。或许，正是因为自己的改革愿望未能实现，王安石才不愿再入朝为官。即使英宗当政时期，王安石也安居于地方，不肯入京。

读书笔记

但是多次拒绝升迁，甘愿担任地方小吏，专心治理自己的“小王国”，并且取得斐然政绩的古怪行为反而成就了王安石“淡泊名利”的美名。朝中大臣们都想一睹这位“怪才”的真容，王安石的名声因此得到提高。但是，在这期间，王安石与自己的好友韩维相交甚密，俩人的书信从未间断过。①当时，韩维在朝中担任太子司文书事一职，所以就经常在还是太子的赵顼面前夸赞王安石。凡是赵顼认同的政见，他都说是王安石提出的。如此一来，这位未来皇帝就十分看重王安石，并且希望自己将来能够得到这位政治天才的辅佐。后来，宋神宗即位，就立刻重用王安石，他先任命王安石为江宁知府，后又提升为翰林学士。让所有人意想不到的是：已经四十多岁的王安石却一改“淡泊名利”的姿态，应诏入京了。

❶叙述描写

陈述了韩维在太子那里夸赞王安石的事情，为王安石以后改革打下了坚实的基础。

拉开变法序幕

②北宋统治的显著特点就是朝廷权力高度集中，即全国的政权、军权、财权、司法权、监察权等，全部由朝廷集中管理，而所有大权都在皇帝一人手中。诚然，在北宋建立之初，朝廷集权的确削弱了地方官员的实力，避免了唐朝藩镇割据局面的出现，也在一定程度上达到了休养生息，促进国内农业恢复和发展的效果。但是，随着朝廷集权的不断加强，其弊端也逐渐暴露出来。比如，军权的集中削弱了国家的军事力量，使国防变得日益虚弱；为了集中政权，北宋重文轻武，同时设立了庞大的官僚机构，以至于出现了冗官冗禄现象；财权的集中，让王室贵族和大地主“取之无术，用之无度”，奢侈浪费之风盛行。

❷解释说明

解释了北宋统治朝廷权力高度集中的含义，突出了皇帝大权在握，天下唯我独尊，地位至高无上。

❶**背景描写**

描写了北宋的社会现状，不合理的政策导致国家经济萎靡不振，百姓生活在水深火热之中，暗示农民起义的必然性。

[1]不合理的财政政策，导致北宋经济疲软无力，再加上为了缓和与西夏、辽国的关系，北宋朝廷每年都要给两国进贡大量的“和贡”。国家面临巨大的经济压力，朝廷只能将负担转嫁给原本就被豪强劣绅盘剥压榨的老百姓。百姓们不堪重负，怨声载道，时常爆发农民起义。

年轻的神宗面对内忧外患并存的国家局面，急于寻找一条出路，并且企图用政治改革的方式来突破政治、经济和国防等各方面的困局，以缓和国内各大阶层之间的矛盾。这恰恰是王安石期盼已久的改革契机，所以他才会欣然入京。

❷**正面描写**

这几句话描写了王安石为变法做准备的情况。

当东坡兄弟二人抵达汴京时，王安石正担任参知政事一职。[2]他一方面为变法积极做准备，并于1069年2月设立了变法的指导机构制置三司条例司，然后与吕惠卿、曾布等人共同草拟变法条例；另一方面，为了扫清变法的障碍，不断提拔自己信任的人进入御史台取代那些稳重的老臣。

很显然，王安石的做法必定会遭到许多朝廷重臣的反对。神宗见状，问王安石道：“为什么大臣们都不赞同新法？”王安石回答说：“陛下要实施新法，就必须清除这些反对新法的老臣，否则一旦他们得势，大权就会落在他们手中；只有陛下坚定不移地贯彻，才能将朝廷大权牢牢地握在自己手里。那些大臣不顾国家大局，只谋私利，陛下千万不能妥协退让！”神宗听了王安石的回答，认为这场朝廷纷争是自己与奸佞大臣之间的殊死较量，因而坚定了变法的决心。

读书笔记

接下来，王安石就以“富国强兵”为口号，以财政改革为中心，以农业农民问题为重点，在全国范围内展开了大刀阔斧的改革，并逐步实行均输法、青苗法、募役法、农田水利法、市易法、免役法、保甲法等新法项目。

变法派与反对派

王安石变法从1069年（熙宁二年）开始，到1085年(元丰八年)神宗去世才结束，因此又被称为“熙宁变法”或“熙丰变法”。但这十六年的时间里，王安石的变法并非一帆风顺，变法的结果也并没有达到他的理想状态。[①]事实上，从王安石一开始变法，就遭到了社会各阶层人民的反对，就连高太后和其他皇亲国戚都纷纷出来阻止，新法因而被多次中断。当时，北宋的统治集团就变法问题分成了两大对立的派系：变法派和反对派。前者以王安石为首，主要成员有神宗、曾布、吕惠卿、谢景温、李定、邓绾、舒亶、吕嘉问，以及王安石的儿子王雱、女婿蔡卞等；反对派则以司马光为首，包括欧阳修、韩琦、富弼、文彦博、张平方、范镇等众多朝廷老臣。

❶叙述描写

改革变法是新生事物，必然不会一帆风顺，肯定会遭到保守派的反对，也会因此而困难重重。

[②]其实，从政治革新的角度出发，变法可以说是“庆历新政”的继续，但是王安石的变法涉及面太广，变法措施也过于激进，存在诸多的隐患和弊端，而且变法给大地主阶级的利益带来巨大的冲击，所以即使是曾经领导“庆历新政”的欧阳修、韩琦等人也公开抵抗新法，拒不执行。

❷叙述描写

叙述了变法的弊端和隐患，暗示变法最终会失败。

作为反对派的领袖，司马光原本非常欣赏王安石的才华。仁宗在世时，曾质疑王安石的人品，认为王安石是个伪君子。可司马光却说：“王安石虽然有些刚愎自用，但为人倒不至于虚伪。”王安石推行新法后，司马光多次给他写信，让他放弃新法，不要一意孤行，但是都被王安石驳回。王安石不仅没有放弃变法的打算，反而重用那些资历浅、能力低，却肯维护自己的小人物，剔除御史台中反对自己的朝廷重臣，以巩固自己的变法阵营。朝廷中曾经与王安石交好的人也因此与他决裂，纷纷加入反对派的队伍中。

变法派和反对派的矛盾日益激化，斗争不断升级。神宗为了调和两者的矛盾，争取反对派对变法的理解与支持，就让司马光担任枢密副使要职，与王安石一起推行新法。①但司马光却以全盘终止新法为任职的先决条件，神宗自然不会答应，于是司马光就回到洛阳，闭门谢客，将心思用在《资治通鉴》的修纂上。反对派的其他核心人物也纷纷采取行动，对抗新法，要么直接反对和抨击新法，要么就向皇帝申请辞官。有人退而求其次，向王安石提出一些更补新法的建议，但还是被王安石否决了。在这样的情况下，宰相韩琦离开朝廷，去了河北当安抚使；同为宰相的富弼先被贬汝州，后又离职引退；就连欧阳修的辞官申请也被神宗批准了。

❶正面描写……
司马光不支持变法。

然而，被神宗如此认可和支持的变法革新运动，并没有让他实现“富国强兵”的愿望。②诚然，新法实行的前八年内，的确在一定程度上改善了北宋困顿的局面，增加了国家的财政收入，增强了军事力量。但是，随着新法的推广和深入，对社会各阶层利益都造成了巨大的损害，不光是大地主阶级利益被触动，还严重地压制了北宋自由贸易的发展，就连原本是为百姓谋福利而实施的青苗法、保甲法等也变成了百姓身上沉重的枷锁。社会各阶层的矛盾被激化且变得更加尖锐。

❷叙述描写……
叙述了变法带给北宋的变化，有利有弊，暗示变法会走向失败。

旋涡中的苏氏兄弟

王安石变法是我国历史上继商鞅变法后又一次超大规模的社会变革运动，在当时，上至皇宫贵族，下至地方小吏都被卷入了这场变法旋涡之中。苏氏兄弟二人自然也不例外。

一开始，苏辙被王安石器重，且在制置三司条例司中担任了简详文字的职务。①但是，当新法条例草拟出来后，苏辙却坚决反对青苗法和市易法，还向皇帝上折陈述市易法的弊端，指出一旦国家经手全国的贸易，私人企业、商人等就会因无力与政府相争而逐渐破产，全国的自由企业就会陷入瘫痪的状态，而政府也没有私人商业积攒已久的信用关系、经销模式等，所以在接手全国贸易后必然会面临许多未能预料的困境，这对国家财政而言，得不偿失。

❶正面描写

苏辙本来是支持变法的，但是当看到新法有不合理的地方，他直接提了出来，说明他对事物有自己独特的见解，不会人云亦云，随波逐流。

1069 年 8 月，苏辙因反对推行新法，被罢黜了简详文字的职务，贬为河南府推官。

再说苏东坡的情况。实际上，如果不是王安石变法太过激进，苏东坡或许会是拥护新法的第一人，因为他不仅才华出众，而且也是一位具有先进思想的士大夫。面对北宋对外苟且偷安，对内压榨百姓的形势，他一直试图找到一条报国救民的道路，也曾向皇帝提出过一些具有建设性的政治改革主张，还写出了系统性的改革方案的策论。

②不过，苏东坡虽然有力求进步的政治抱负，但其改革思想却是温和的、循序渐进的，这既是他与王安石最大的差别，也在一定程度上体现了他政治思想中落后保守的一面。也就是说，在政治上，苏东坡是一个温和的改革派，这是因为他从

❷对比手法

介绍了苏东坡与王安石之间的差异。

❶解释说明

描写了苏东坡的思想。他有改革的想法和欲望，但是他所受的教育限制了他的思想，让他成了一个矛盾体，为后文他成为改革反对派埋下了伏笔。

小饱读诗书，[①]一方面受到了儒家哲学中“自强不息”的观念影响，具有改变现状的抱负；另一方面，又被儒家“过犹不及”“欲速则不达”等中庸论思想以及道家所提倡的“清静无为”“无为而治”等处世观念左右，因而形成既要求改进，又坚持循序渐进，不可走极端的改革原则。这就是苏东坡政治思想的核心，也是其人生起伏不定的根本原因。

总之，苏东坡不可能完全支持王安石如此大刀阔斧的变法运动。他曾多次向王安石提出一些循序渐进的改革建议，都被王安石否决了。

此外，从苏东坡的社会关系来看，他也很难加入王安石的变法阵营。我们知道，苏东坡和弟弟苏辙之所以能够在文坛展现风采，顺利踏上政治舞台，在很大程度上有赖于欧阳修、韩琦、富弼、范镇等朝中老臣的赏识与推荐。这些老臣坚决反对王安石变法，肯定会拉拢苏东坡兄弟俩。在这样复杂的局面下，苏东坡放弃自己的改革立场，加入反对派阵营，也是情理之中的事。

最勇敢的“斗士”

❷正面描写

王安石为了扫清变法障碍，不停地整顿人员，迫使很多老臣隐退，显示出他变法的决心。

[②]王安石变法之初，苏东坡的反对变法态度并不明朗，然而王安石为扫清变法障碍，不停整肃御史台人员，朝中老臣们不是被贬谪，就是被迫隐退。苏东坡不断地为友人们送行，感触颇多，因而写下了许多送别的诗作。或许，我们可以从这些诗作中感受苏东坡在变法问题上态度的转变历程。

他先是在《送曾子固倅越得燕字》诗中为曾巩鸣屈，为欧阳修的“憔悴”而伤怀；接着又在《次韵刘贡父李公择见寄二首》中，表达了自己在复杂政治形势面前“有口难言”的心情；① 最后，在《送刘道原归觐南康》诗中愤然发声，把反对变法的刘道原比作孔融、汲黯，用曹操、张汤来比喻王安石，对王安石进行直接攻击。

1070 年 2 月，在使馆任职的苏东坡不畏自己官卑职小身份，直接上书神宗，抨击青苗法。所谓“青苗法”，的就是春耕时，政府向农民放贷，即提供谷物或资金，到了秋收时，政府向农民收回成本和 20% 的利息。这个措施原本是为农民谋福利的，但是后来竟然演变成了强迫贷款。② 负责实施青苗法的官员为了自己的业绩，在官方压力下将贷款强行分配：春种时，不管农民贷不贷得起款，想不想贷款，都得按照衙门的规定额度贷款；秋收时，不管借贷者有无还贷能力，都必须及时偿还本息，否则就会被抓进监狱。可见，这项利民之举实际上成了扰民害民的政策，甚至有许多农民因此家破人亡。

其实，在苏东坡上书前，就已经有很多老臣痛斥过青苗法了，其中包括曾经身处相位的韩琦。然而，即使是如此位高权重的人物也同样因反对新法而遭贬谪了。所以，苏东坡此时能够向神宗再次谏言，道明青苗法的危害，足见其已经坚定了反对派的立场。苏东坡在信中告诉神宗，青苗法强迫百姓贷款，且利息高达 20%，属于强制性的“抑配”，除了与商人争利，给贫民增加负担外，毫无用处。同时，东坡还借孔子的话来奉劝皇帝，千万不要用武力和权威来压制人民，否则就会酿成大错。神宗看到这封信后，大为震撼。还没等神宗有所决策，王安石先对苏东坡表示不满了，他上奏神宗，让其令苏东坡去开封府担任推官一职。神宗倚重王安石，只能听取他的“建议”。

①正面描写

说明了苏东坡在复杂的政治斗争中终于改变了立场，开始走向反对派的阵容。

②叙述描写

负责实施青苗法的官员以公谋私，强迫老百姓借贷，这样一来增大了老百姓的负担，给变法带来了不良影响。

读书笔记

可是，苏东坡到了开封府后，不仅没有畏惧退缩，反而又写了《谏买浙灯状》呈于皇帝。在这封信中，苏东坡对内廷为了上元节赏玩，命令开封府市司强行以低价收购大量浙灯的行为进行了斥责，并且告诉皇帝这种掠夺行为会让灯民连养家糊口的微薄收入也失去。神宗看完信后，召见了苏东坡，让其“尽陈得失，无有所隐”。

读书笔记

这说明此时的神宗已经开始动摇自己变法的决心了，只可惜朝廷中与苏东坡站在统一战线的高官大臣们都纷纷离职了。①眼前的形势对苏东坡而言是极为不利的，然而即使是孤军奋战，他也严格按照神宗的吩咐，集中力量写下了《上神宗皇帝万言书》，对新法进行了猛烈而全面的攻击。

❶正面描写 在不利的形势下，苏东坡没有知难而退，反倒是迎难而上，突出了他不畏强权的性格特点。

苏东坡首先对推行新法的指导机构制置三司条例司进行了批评，并且建议神宗将这个机构撤销；接着对均输法、雇役法，以及兴修水利等新法条例逐一地进行剖析和批判，并再次重申青苗法的危害。

苏东坡用犀利的言辞将新法实施以来的政治情况描绘得淋漓尽致，正所谓“四海骚然，行路怨咨”。同时，他又强调新法侵犯了百姓、军队、官吏、士卒等各个阶层人民的利益，一定会给国家带来灭顶之灾。

❷引用修辞 表达了苏东坡希望循序渐进的思想，他劝告神宗切不可只图眼下，急功冒进，这样反而害了百姓。

然后，苏东坡借孔子所说的“欲速则不达”来奉劝神宗：②“其进锐者其退速。若有始有卒，自可徐徐，十年之后，何事不立！”让神宗“崇道德，厚风俗”，千万不要急功近利，只贪图表面的富强。

❸叙述描写 表达了他对新法的反对，表明了自己鲜明的立场。

③在文中，苏东坡不光批判了各项新政策，还对新党人事进行斥责，说他们是“新进小生”“小人招权”，用“怀诈挟

术，以欺其君”来抨击王安石。

只可惜，苏东坡呈上这封洋洋洒洒、直言无隐的万言书后，并没有得到皇帝的任何回应。于是，他又上一书。不久，神宗便临时下了一道诏书，严禁官员强行推销青苗贷款，但并没有终止其他新法措施。

不过，苏东坡并没有停止反对变法的行动。次年，他又做了一件与王安石“对着干”的事，而这件事彻底惹怒了王安石。东坡在开封的乡试中，出了一道名为《论独断》的考题，题目的内容为：

晋武平吴，独断而克；苻坚伐晋，独断而亡；齐小白专任管仲而罢，燕哙专任子之而败。事同而功异，何也？

此题表面上看是让考生们批判历史上那些独断之臣，实际上是借此暗讽一手遮天的王安石。

①王安石知道后，让亲戚谢景温去皇帝面前诬告苏东坡，说苏氏兄弟在运父亲灵柩回老家时，滥用私权，偷运私盐。可是，神宗派人调查后发现并没有这样的事，反而打算提升苏东坡为太守。王安石和谢景温坚决反对，要求让苏东坡去附近县城当通判。但神宗始终欣赏苏东坡的才干，且看到了他身上与其他信奉守旧的“顽固分子”之间的区别，所以并没有过分责难，只是让他去做杭州通判。

①概括描写

苏东坡对新法的反对和强烈抨击引起了王安石的反感，从欣赏他到想要弄走他，说明王安石为了变法不惜一切。

其实早在写万言书时，苏东坡就料到自己会被罢黜，所以面对这次的诬陷，他并没有做过多的辩解，就坦然地接受了杭州通判一职。后来，司马光在回忆这段往事时曾说苏东坡是与新党作战过程中，最为勇敢的斗士！

为了让北宋百姓生活幸福，国力强盛，王安石实行了变法。但是，一些官员以权谋私，将为百姓谋取福利的新法变成了不利之法，引发了社会各阶层之间强烈的矛盾。苏东坡发现了新法弊端，坚决地站到了反对新法的行列。

延伸思考

1. 王安石变法有哪些内容？

2. 苏东坡本来是新法支持者，为什么后来成了反对者？

3. 王安石发现苏东坡对新法态度的转变后，采取了什么措施对付他？

相关链接

王安石变法，在历史上又称“熙宁变法”。王安石被革命导师列宁称为“中国十一世纪的改革家”，他的变法最后以失败收场。他变法的目的是抑制豪强，调动农民的生产积极性，发展农业和商业，缓和农民阶级与地主阶级的矛盾。反对派代表人物是司马光。司马光任宰相后几乎废除了王安石变法时的所有法案。

第七章　杭州通判

名师导读

苏东坡在写了万言书之后，遭到了王安石的陷害。王安石为了清除变法的障碍，联合他人打击他，最后，神宗派他去做杭州通判。在去杭州的路上，他去看望了弟弟苏辙，兄弟俩小聚一次。

兄弟小聚

公元1071年(熙宁四年)，三十四岁的苏东坡带着家眷离开京城，去杭州上任。

当时，东坡的弟弟苏辙正在陈州(淮阳)张方平幕下任先生。于是，东坡便决定先带着家人去探望弟弟一家。

虽然兄弟俩此时都处于坎坷的仕途中，但两家人团聚也是值得高兴的事情。①苏辙在陈州的居所相当简陋，又低又小，与他高大的身材形成了鲜明的对比。因此苏东坡拿弟弟打趣道："常时低头诵经史，忽然欠伸屋打头。"

②两家人共同度过了几个月的美好时光。这期间，东坡兄

❶正面描写　突出了苏辙生活低调简朴。

❷正面描写　描写了苏东坡和弟弟苏辙两家人相处的和谐景象，体现了兄弟之间的深厚感情。

弟俩常常划船柳湖，漫步郊外，一起谈论国事、家事和未来。

这两兄弟虽然在政见、才情上都颇为相似，但外貌和性格却截然不同。根据林语堂先生的推测，苏东坡大概有五尺七八寸，按现在的说法大约为 178 厘米，身材不胖不瘦，十分结实。关于他的长相，可以看看东坡的画像：颃骨较高，脸形较长，下巴尖尖的，还留有胡须。因此，《核舟记》中才会说“中峨冠而多髯者为东坡”。东坡是个天真直爽、胆大好辩、做事情随性、不计后果的人。在亲朋面前，东坡爱谈笑风生，打趣逗乐；在朝中他无所畏惧，敢于在任何人面前透露自己的心声，甚至还在文学作品中表达自己的不满情绪。很多时候，东坡这种直言不讳、幽默、诙谐的性格会让一些胆小谨慎的人感到害怕。

读书笔记

[①] 苏辙比东坡还要高一些，更为瘦弱，但脸却要圆一点，两颊有一些松肉。与哥哥天真直爽的性格不同，苏辙的性格更加沉稳谨慎，不爱说话，能够冷静地分析眼前的形势。

❶正面描写　描写了苏辙的身材样貌，并通过与哥哥的对比，突出了他性格的沉稳冷静和睿智。

因为当时的政治形势极为复杂，所以苏辙常常提醒哥哥要谨言慎行。苏东坡一方面听取苏辙的建议，尽可能让自己明哲保身，可是骨子里的“英雄本色”还是难以压制，所以常常在经历一场思想斗争后，暴露自己的本性，对不满的人或事进行直接或间接的抨击。

这段时间，兄弟二人同吃同住，形影不离，苏辙又免不了给东坡一些提醒，让哥哥收敛自己的个性。

很快就到了中秋，两家人共度节日后，东坡一家便告别弟弟一家，重新启程了。[②] 苏辙将哥哥送到了八十里外的颍州（今安徽阜阳），又在这里待了半月，才与哥哥分别。

❷正面描写　突出了兄弟情深。

因为东坡一家需在颍河坐船，所以兄弟二人就在开船的头一夜促膝长谈，对当时的政局进行商讨，最终达成了共识。用东坡的诗句来说，两人共同的想法就是“眼看时事力难任，贪恋君恩退未能”。

读书笔记

就在这夜，东坡写下了《颍州初别子由二首》。第一首诗中，东坡用“念子似先君，木讷刚且静”两句来评价弟弟子由的性格；第二首诗中，则以“人生无离别，谁知恩爱重”来表达与弟弟依依难舍之情，同时用“悟此长太息，我生如飞蓬”来写自己在政治风暴中如同飞蓬漂泊不定的境况。

旧友重逢

① 苏东坡在与弟弟相聚的同时，还特意探望了旧友张方平和欧阳修。东坡到陈州时，张方平正退隐在此地。于是，他经常和弟弟一起去张方平府上做客。其间，张方平写了一首《读杜诗》。东坡从小就喜欢杜甫的诗，而且写过很多歌颂杜甫的诗文，这次也免不了和上一首诗，因此写下了《次韵张方平读杜诗》。

❶叙述描写 兄弟团聚的时候，他们还去看望了老友。这句话起到了引起下文的作用。

离开陈州后，兄弟二人到了颍州，并在此待了半月。这是因为东坡的恩师、曾经的古文复兴运动领袖——欧阳修就在此地卜居。

此时的欧阳修已经六十多岁了，他在“醉翁”的雅号之外，又给自己起了一个新的雅号——“六一居士”。苏东坡来拜谒恩师时，带了一件弥足珍贵的礼物：一张织着梅圣俞《春雪诗》的蛮布弓衣。在老友去世十一年后，还能收到这样一份礼物，欧阳修自然十分珍惜，便将这张蛮布做成了琴囊，用来装自己最爱的雷琴。

❶场景描写

苏氏兄弟与欧阳修相处的情景，显示出他们志趣相投，友谊深厚。

① 在颍州期间，苏氏兄弟得到了欧阳修热情的款待。三人同游颍河，欣赏河边秋色；东坡为恩师插花祝福。宴会上，欧阳修与东坡更是畅所欲言，论诗作赋，快乐无比。

然而，分别的日子终究会到来。所以，东坡在离别前写下的《颍州初别子由二首》中，用了“多忧发早白，不见六一翁”来表达自己对恩师的不舍与悲悯之情。

情与理

❷陈述

陈述了苏东坡到杭州上任途中所游览的地方，说明他虽然遭到了排挤，但是依然保持着良好的心态。

公元 1071 年（熙宁四年），苏东坡乘舟经过寿州(安徽寿县)、濠州(安徽凤阳)、泗州(江苏盱眙东北)、广陵(扬州)、京口(镇江)等地，于十一月抵达杭州。② 途中，他游历了濠州的涂山、逍遥台、彭祖庙、虞姬墓、四望亭；京口的金山寺、焦山、甘露寺等。在行舟上，东坡面对滚滚江水，不禁想起了故乡眉州，因此感叹道：“有田不归如江水！”

到了杭州，苏东坡立刻上任了通判一职。通判是朝廷直接派遣到地方的朝廷官衔，能与当地知州、知府一起处理政务。这是宋朝加强朝廷集权的举措之一。因此，按照当时的规定，知州或知府有什么整治措施必须有通判连署才能实施。说到底，通判就是朝廷派来监控地方官员的人。

在当时，杭州拥有交通、经济、文化、国际商贸等各大优势，是北宋非常重要的城市之一。可见，即使苏东坡被贬谪，也依旧受到神宗的器重。

在杭州，苏东坡因为工作需要，常常深入下层百姓之中。[1]在汤村，他用“人如鸭与猪，投泥相溅惊”来描绘自己所见到的百姓不分昼夜，甚至在雨中开通运盐河道的悲惨场景；在盐官县，他用“夜霜穿屋衣生棱，野庐半与牛羊共”来描绘寒夜中荒野里那成百上千衣不蔽体、忍饥挨饿的劳动者。

❶比喻修辞

突出了老百姓的凄惨生活。

公元1073年（熙宁六年），杭州地区爆发了大规模的旱灾和蝗灾，苏东坡亲自到镇江检查灭蝗工作。次年，他途经无锡，被眼前的场景震撼，写道：“洞庭五月欲飞沙，鼍鸣窟中如打衙。”

然而，比天灾更让苏东坡痛心的是人祸。当时，全国都在推行王安石的新法，杭州地区自然也不例外。苏东坡原本就是新法的反对者之一，如今他更是亲眼看到了新法在实施过程中给百姓带来的深重灾难。

过去，农民缴纳农业税只需要上缴粮食即可，新法实施后，实物税变成了货币税。官府只收钱，不收粮食。[2]农民为了将粮食置换成货币，不得不将辛辛苦苦收获的谷物以糠粞的价格卖出，米贱钱荒的形势下，即使是收成很好的农民也只能换来微薄的收入。为了按时按量缴纳税款，农民不得不变卖耕牛、良田，甚至是房舍。吴中农民的悲惨生活令东坡百感交集，因此他才写了《吴中田妇叹》一诗。诗歌内容如下：

❷正面描写

王安石变法的初衷是好的，他本想减轻老百姓的负担，给他们带去幸福，结果却起到了反作用，让百姓陷入水深火热当中。

“今年粳稻熟苦迟，庶见霜风来几时。

霜风来时雨如泻，杷头出菌镰生衣。

眼枯泪尽雨不尽，忍见黄穗卧青泥。

注释

货币税：凡以货币形式缴纳的税为货币税。

茅苫一月垅上宿，天晴获稻随车归。

汗流肩赪载入市，价贱乞与如糠粞。

卖牛纳税拆屋炊，虑浅不及明年饥。

官今要钱不要米，西北万里招羌儿。

龚黄满朝人更苦，不如却作河伯妇！”

诗歌描绘了农民的生活情况，表达了东坡的痛苦之情。[①]然而，在同情吴中百姓的同时，让东坡更为难的是狱中那一两万个囚犯。说是“犯人”，实际上都是一些为新法所害的穷苦百姓。他们中，除了一部分人是因为还不起官府的贷款或无法缴纳税务而入狱的，其他大部分人都是因为走私盐被囚禁的。

新法规定：盐的交易由国家统一把控，严禁私人买卖。可是江浙地区原本就有许多盐产地，这里有很多人都曾从事盐的交易活动。新法颁布后，很多人因生活所迫，无法彻底放弃原来的买卖，只好偷偷地贩卖私盐。[②]苏东坡自己都抵触这些新法，可是如今却要来审问这些触犯新法的百姓，心中难免矛盾苦闷。于情，这些都是无辜的百姓，且自己也同这些百姓一样憎恶新法，应当对同胞给予宽恕和帮助；于理，他是官员，拿着朝廷的俸禄，就应该依法行事，处罚犯法之人。而最让东坡无奈的是，在这样的矛盾中，自己根本没有退路，也不能潇洒地辞官归隐。因为此时的东坡除了妻子和三个儿子，还有一个保姆、一个乳母、一个侍妾和几个男仆要养活。如果没有朝廷的俸禄，自己又如何能养活这一大家子人呢？

因此，他在审判这些阶下囚后，不禁感同身受地在墙壁上写道——

“除日当早归，官事乃见留。

❶数字说明

突出了新法的弊端，这是需要改正的。

❷心理描写

描写了苏东坡对新法的抵触，以及对老百姓的同情，也表达了他心底的无奈。

读书笔记

执笔对之泣，哀此系中囚。

小人营糇粮，堕网不知羞。

我亦恋薄禄，因循失归休。

不须论贤愚，均是为食谋。

谁能暂纵遣，闵默愧前修。”

天灾与人祸的交织让杭州地区的百姓陷入了水深火热之中，破产流亡之人不计其数。[①]面对情与理的矛盾，苏东坡只好以通判的身份执行新法，但又在法规内灵活执行，为百姓谋求便利，尽可能避免因新法实施不当给百姓带来更多的损害。而这也恰恰是苏东坡与欧阳修、富弼等保守派的不同之处。

❶正面描写

写出了苏东坡对老百姓的体恤。

人间天堂

俗话说："上有天堂，下有苏杭。"从古至今，杭州就是一个风景如画，令人沉醉的好地方，也是文人墨客笔下的"人间天堂"。苏东坡初到杭州时，就写下了"未成小隐聊中隐，可得长闲胜暂闲。我本无家更安往？故乡无此好湖山"的诗句。由此可见，在苏东坡看来，杭州就是他的第二个故乡。

[②]在杭州任通判期间，苏东坡的府邸在凤凰山上，从这里向南可以看见拥有"天下第一潮"美称的钱塘潮；向北可以眺望群山环绕的西湖；向东可以感受钱塘江惊涛拍岸的奇观；向下环视，还可以饱览杭州城的热闹与繁华。

❷正面描写

描写了苏东坡府邸的地理位置，周围全都是名胜古迹，这样山清水秀的地方，环境优美，引人入胜。

东坡自小就喜欢游山玩水，涉足名胜古迹。如今，他身处"人间天堂"，随处可见绝美的自然景致，这个爱好更是得到了满足。每当他被案牍劳神伤身的时候，就会逃向大自然。

若论杭州最美的地方，那自然非西湖莫属。

❶夸张修辞

西湖是杭州最美的地方，是旅游的好去处。突出了来西湖游玩的人数不胜数。

①每逢春秋季节，西湖上全是游玩的人们，似乎全杭州人都聚集到了湖上。即使是寒冷的冬季，也会有人到西湖上赏雪游玩。如果遇到三月初三、端午节、中秋节、重阳节和二月十一神祇的生日等重要的节日，西湖上的人更是不计其数。

东坡是西湖上的常客，或举家游玩，或邀三两个好友同游，或独自一人泛舟湖上……不论何时，只要一到西湖湖畔，船夫们就会争相围过来，招揽生意。东坡常常会选一条能够容纳四五人的住家船。如果人多，还会让船娘安置一张小饭桌，再备些饭菜。

❷排比修辞

说明了船只功能的多样性。

西湖上，除了这样的住家船，还有各式各样的船只。②有的船只上同样载着游客；有的船只上贩卖糖果、瓜子、栗子、夹馅藕、烤鸡、海鲜等食物；有的船只上只卖茶叶；还有的船上载着各类表演的艺人，靠近这样的船只便可以欣赏到歌舞、射击、杂技等表演活动。

船缓缓移动，四周全是碧绿的湖水。朝远处望去，群山连绵，白云缭绕在山巅，山顶若隐若现，白云飘忽不定，令人沉醉于朦胧之美；朝近处看，碧波清澈，水中鱼儿历历可数。如果遇上阴天，阴霾笼罩着整个西湖，等到乌云散去，远山近水之间，还可以看见那些闪动的楼塔。

读书笔记

西湖美景总能令东坡心中荡出那些飘逸自然的诗句："船头斫鲜细缕缕，船尾炊玉香浮浮""游翁已妆吴榜稳，舞衫初试越罗新"。还有专门写船夫头上黄色头巾的"映山黄帽螭头舫，夹道青烟鹊尾炉"。

当然，把西湖写得最美的莫过于那首家喻户晓的七言绝句——《饮湖上初晴后雨》：

“水光潋滟晴方好，山色空蒙雨亦奇。

欲把西湖比西子，淡妆浓抹总相宜。”

自苏东坡后，再无人能用更为高明的手法或更为杰出的诗句来描绘西湖的自然之美了。

苏东坡不只是西湖上的常客，杭州城方圆十几里内都有他踏足过的痕迹。① 从西湖出发，由南岸登陆，攀上葛岭，便可在幽静的林间听鸟儿的欢鸣，然后到虎跑泉品尝泉水所沏的香茗，再沿着蜿蜒的山间小径回来；从西湖北岸登船，则可以拜访灵隐寺、天竺寺等著名的佛门圣地。在杭州城郊有三百多个寺院，这些寺院坐落在山顶。在寺院中与高僧对弈或闲话，便可以不知不觉地消磨半天的时光。

❶环境描写

以行程为线，描写了杭州城方圆十几里的美景和名胜古迹。这里真是一个游览的好去处啊！

对于一个多才多艺的诗人而言，凡是涉足过的地方就必然会留下才艺的痕迹。山涧旁的岩石上，寺院中的墙壁上，都留下了东坡即兴而作的诗词。

② 除了自然风光、佛门圣地，紧挨着西湖的杭州城本身也是一道美丽的风景线。城外有高墙环绕；城内有河道交错，河面上架起一座座桥梁。夜晚，在凤凰山上依稀能听见杭州城里传来的袅袅歌声。放眼望去，那些灯火辉煌的夜市在夜幕中显得格外显眼。夜市上，有男人们喜爱的茗茶、古玩；有女人们喜爱的刺绣绸缎、胭脂水粉；还有孩子们喜欢的走马灯、美味糖果等各式各样好玩好食的东西。

❷概括描写

概括了杭州城本身的旅游价值，同时起到了引起下文的作用。

在苏东坡看来，似乎他前世就是杭州人，这里的山水、寺庙、人文、街道无不牵动着他的灵魂。东坡爱杭州的美景，也爱杭州人的愉悦轻松；而杭州人则爱他的才情朝气，爱他的不拘小节，以及为民着想的情怀。

如果说，杭州的美景赋予了东坡创作的灵感，杭州的温柔洗涤了东坡的心，那么东坡则赢得了杭州人的心。虽然他在杭州任通判期间，由于权力限制不能为当地人民做更多的贡献，但作为诗人，他让杭州人沉醉。

①时至今日，无论我们是泛舟西湖上，还是涉足山峰庙宇，抑或是踏进湖滨酒家，都依然能够找到东坡的足迹，听到人们讲述苏东坡的故事。

❶叙述描写　说明苏东坡踏遍了杭州，留下了太多的作品和故事。

诗歌大发展

人们很难说清楚，是苏东坡让杭州变得更为著名的，还是杭州成就了苏东坡的文学名气。因为苏东坡在杭州任职期间，其诗歌创作进入了一个大发展时期。

在杭州，苏东坡的生活逐渐热闹起来。在湖州，有好友孙觉(莘老)、李常(公择)相继任职；在吴兴，有忘年之交张先，此人在词的造诣上与柳永齐名，比东坡大五十多岁；在杭州，有新结识的柳子玉、贾收(耘老)、陈令举和老诗人刁约(景纯)等。东坡在工作之余，常常与这些文学界的朋友相聚，大家吟诗作词，彼此切磋。

②与凤翔时期的诗歌创作相比较，苏东坡在杭州期间的诗歌作品具有三个明显的进步：

❷过渡段　这句话起到了承上启下，引出下文的作用。

第一，视野拓展，突破了个人情感。在杭州，苏东坡既亲眼看到了百姓因新法实施而变得更加悲惨痛苦的现实，又欣赏到了杭州美丽的自然和人文风光。因此，在这期间所作的诗歌也主要包含了这两方面的思想情感。

针对变法过程中农民悲惨生活的现实，他写下了许多具有强烈现实感和批判性的诗歌，[①]如《题壁诗》《无锡道中赋水车》《雨中游天竺灵感观音院》《画鱼歌》《山村》《吴中田妇叹》《鸦种麦行》等，不仅表达了他对广大农民的深切同情，也对当时的政治政策进行了有力的讽刺。

❶举例说明

说明苏东坡为老百姓写下了很多作品，表达了他对老百姓的同情。

在饱览了杭州美景之后，他又感叹大自然的奇秀，祖国的伟大，因此写下了一批表达爱国热情，描绘自然之美的作品。如《饮湖上初晴后雨》《自普照游二庵》《往富阳、新城，李节推先行三日，留风水洞见待》，以及《新城道中二首》，等等。

因此，品读东坡此时期的诗歌，人们既能体会到他担任杭州通判时的无奈、苦闷的心情，感受到诗中的批判精神，又能看到自然和祖国之美，激发对生活、自然和国家的热爱之情。

[②]第二，题材更为广泛。在杭州期间，东坡的诗作题材变得更为广泛了。他不仅写政治讽刺诗，也写抒情诗；不仅写打趣逗乐的幽默诗，也写逻辑严谨的议论诗。

❷详细描写

说明苏东坡为后人留下的佳作更多了。

第三，表现手法更为丰富巧妙。一方面，为了使诗歌的意象变得更为鲜明生动，东坡采用了比喻、拟人的创作手法，使诗歌的语言更为灵动，思想情感也更为丰富和真切。如《法惠寺横翠阁》诗中的“吴山故多态，转折为君容”。另一方面，为了展现大自然转瞬即逝的美，东坡运用了环境渲染的方式，使读者仿佛身临其境，亲眼看到了大自然的神奇。如《有美堂暴雨》中的“游人脚底一声雷，满座顽云拨不开”。

总之，苏东坡在杭州时期的诗歌创作有了很大的发展，这标志着他的诗歌在思想、题材、手法等各个方面都更为成熟。

读书笔记

他在杜甫现实主义风格的基础上，吸收了李白的浪漫主义特征，不仅展现了自己的独特个性，而且形成兼具现实主义风格与浪漫主义风格的新型的诗歌——“苏诗”。

精华赏析

这一部分主要讲述了苏东坡到杭州做通判之后的事情。他看到老百姓生活的艰辛，就在自己能力范围之内帮他们。他还认识了很多新朋友，走遍了杭州的胜地，看遍了杭州的美景，拓宽了思路，创作出更多的诗作佳句，形成了独具风格的“苏诗”。

延伸思考

1. 苏东坡在去杭州的路上和弟弟见面了吗？
2. 苏东坡在做杭州通判的时候结交了哪些新朋友？
3. 你知道苏东坡哪些诗作？

相关链接

西湖位于浙江省杭州市西部，是中国第一批国家重点风景名胜区。西湖三面环山，湖中被孤山、白堤、苏堤、杨公堤分隔，被分割成五片水面。在外西湖湖心，有小瀛洲、湖心亭、阮公墩三个人工小岛。夕照山的雷峰塔与宝石山的保俶塔隔湖相映，由此形成了“一山、二塔、三岛、三堤、五湖”的基本格局。

第八章　密州壮歌

名师导读

苏东坡任杭州通判期满之后，申请调往山东任职，这是因为弟弟苏辙在山东任职。苏东坡如愿以偿，被神宗命为密州太守，兄弟俩的管辖之地距离非常近，可以经常见面了。

复杂的心情

1074年（熙宁七年），杭州通判的任期很快要到了，按照规定，苏东坡即将调到另一个地方任职。① 因为弟弟苏辙当时正在山东济州任职，所以东坡向朝廷申请去山东任职。五月，神宗批准了他的请示，升任他为密州太守。密州与济州同属山东，两地相距不远。因此，获得这一职务，东坡甚是满意。然而，他从杭州出发前往密州，离目的地越近，他的心情就越复杂沉重。

❶**解释说明**

解释了苏东坡请求去山东任职的原因，突出了兄弟之间的深厚感情。

这种复杂的心情，一方面源于他对新法看法的转变，另一方面源于密州当时的悲惨现状。

①当时，新法变革在军事上取得了一些显著的成就，宋朝的国防力量得到了提升。这让苏东坡开始怀疑自己曾经全盘否定新法的举动是否正确。自己反对新法，是因为不仅受到了保守派政见的影响，而且亲眼看到新法在实施过程中所暴露的种种弊端。如今，有些新法规却初见成效，由此可见，新法当中应当有合理的成分。那么，哪些条例是合理的，哪些条例又是令人诟病的呢？

②苏东坡一直以“致君尧舜”为政治抱负，如今却陷入了矛盾的思维之中，由于看不清新法的优劣，所以心情难免沉重、苦闷。

另一方面的原因是他到了密州后面临了极度困难的局面。密州是个非常贫穷的县城，这里的生活情形与杭州截然不同，虽然杭州也有旱灾、虫灾，但杭州地区的经济基础较好，能够在一定程度上缓解灾情。可是密州地区的百姓主要靠种植长麻、桑树和枣树维持生计，此地的经济基础本身就差，而且还是蝗灾的发源地，其灾情的严重情况可想而知。用苏东坡的话来说就是“自入境见民以蒿蔓裹蝗虫而瘗之道左，累累相望者二百余里”。在这样的情况下，不仅百姓流离失所，衣不蔽体，曝尸于野，就连自己作为太守也是“斋厨索然，不堪其忧”。有时候，他甚至被迫在古城废圃中“求杞菊食之”。

密州地区的灾情如此严重，却得不到朝廷的重视，因为不少官员为了迎合新法的推行，刻意遮掩，粉饰太平，甚至还有人说干旱、蝗虫根本算不上灾害。宰相王安石竟然以“尧汤之世也一样有水旱之灾”为由，说水旱灾害是最常见不过的，哪朝哪代都会有这些“自然现象”。

❶概括描写

新法变革不是一无是处，它是针对现状的不合理提出来的改变，因此肯定会有一些成就。事实证明新法变革的确是有效果的。

❷心理描写

苏东坡以尧舜为自己的榜样，看到新法带来的成效和弊端，他的心里很矛盾，所以心情十分苦闷。

读书笔记

天灾与人祸

同杭州一样，密州地区也是天灾与人祸交织在一起的。1073年(熙宁六年)，一幅名为《流民图》的画假借边关文书的名义出现在了神宗面前。①这幅画是一个叫作郑侠的人画的，图中绘的是农民在自然灾害中，为偿还官债而卖田拆屋、卖妻鬻子的场景。

宋神宗看了这幅画，夜不能寐，第二天便下了“责躬诏”，废除青苗法、保甲法、方田法等多条新法规。王安石见状，只好主动请求辞去宰相一职。为安民心，神宗同意了王安石的请求。

王安石被罢相，宰相一职由变法派的吕惠卿接任。②此人为了展现自己的政治才干，让免役税法变得看似“合理”，便创造了新的所得税法——手实法，即让各地区官员自定物价、随价调整、揭发检举等。即使是重灾区也必须严格执行这些新法规，以至于当时许多县城都陷入了混乱之中。农民饥馑流离、饿死于道。苏东坡曾在一首诗中说他绕城而走，看见饿死的孩子，就将其埋葬，心痛不已。他还在自己家中收留了四十多个饥饿的孤儿。

随着灾情和农民负担的加重，走投无路的农民纷纷揭竿而起，与官府展开武装斗争。

作为朝廷命官，苏东坡既采取了一系列有效的措施安定密州地区的社会秩序，镇压此起彼伏的农民暴行，又将地方官吏

❶叙述描写

密州地区天灾人祸交织，老百姓的生活处在水深火热当中，这幅画生动地再现了百姓的苦难场景。

❷正面描写

王安石辞官之后，吕惠卿创造了新的税法，他这种一刀切的做法给老百姓带来了更大的灾难。

注释

吕惠卿：1032-1111，字吉甫，泉州南安水头朴里人，北宋政治家、改革家。

欺上瞒下，百姓流离失所的情况如实地上报朝廷，誓要揭露这些官吏的丑恶嘴脸，让皇帝真正了解民间疾苦。作为密州百姓的父母官，苏东坡对当地农民产生了深深的同情，为了减轻农民的痛苦，缓和社会危机，他不仅自行停止执行手实法，而且建议朝廷免除密州地区农民的夏税，允许百姓免税进行三百斤内的食盐交易。[①] 与此同时，他开始以理性的思维来看待新法，对助役法、市易法持容忍态度，对免役法进行认可，并且想出了合理的评定方法。

❶叙述描写

苏东坡从最初对新法的支持，到后来看到新法弊端而对新法持反对态度，再到现在，能够客观理智地看待新法，这是他的一个成长过程。

总之，苏东坡坚持“力行宽大之政”的原则，对百姓有利的法律法规坚决执行，对百姓不利的法规则进行灵活变通，在很大程度上改善了密州地区混乱的社会局面，给百姓带来了生存的希望。

然而，苏东坡依旧为密州百姓心痛，尤其是当他深入农村，对农民水深火热的生活现实有了进一步的了解之后，心中更是充满了自责和愧疚。他总是想尽办法为农民谋福利，可是农民依旧过着饥寒交迫、四处逃亡的生活。

❷反问修辞

用了一个反问句，加强了语气，说明社会的进步是一个缓慢的过程。

[②] 其实，无论苏东坡做了多大的贡献，都不可能真正改变密州农民悲惨的生活现实，因为仅凭他一人之力又怎么能与整个封建制度相抗衡呢？或者说，苏东坡自始至终都没有意识到封建制度才是导致农民生活在地狱中的本质原因。

当苏东坡离开密州，回头看见这个被自己治理了三年，却依旧满目疮痍的地方时，愧痛地感叹道：“平生五千卷，一字不救饥！”

最好的诗词

在密州时期，苏东坡身心疲乏，日子也过得十分凄苦，然而他却在这样艰难的日子里写出了最好的诗词。品读东坡密州期间的诗词，不仅很难感受到曾经的愤怒气息，反而让人体会到顺其自然的平静祥和心态。如《西斋》一诗——

“西斋深且明，中有六尺床。
病夫朝睡足，危坐觉日长。
昏昏既非醉，踽踽亦非狂。
褰衣竹风下，穆然濯微凉。
起行西园中，草木含幽香。
榴花开一枝，桑枣沃以光。
鸣鸠得美荫，因立忘飞翔。
黄鸟亦自喜，新音变圆吭。
杖藜观物化，亦以观我生。
万物各得时，我生日皇皇。”

不知道此诗作者的人们或许会将其视为陶渊明的诗。① 诗中赞美自然，喜爱田间生活，在西斋中怡然自乐的人生态度不就是陶诗的田园之风吗？只有与大自然彼此相融的诗人，才能写出如此兼具声色、宁静之美和喜悦心情的田园诗歌来。除了《西斋》一诗，《吏隐亭》《望云楼》等也都具有田园归真之趣。或许，恰恰是政治生活的痛苦，才让苏东坡逃向自然，用心去感受自然之美，而诗歌所描绘的自然美景、田间乐趣恰恰又反衬了现实社会百姓的痛苦生活，以及东坡在残酷现实面前的苦闷心情。

读书笔记

❶反问修辞

前面引用了苏东坡的诗句，让读者感受到了诗中优美的田园风光。然后用反问的修辞表达出了他诗词风格的改变之巨大。

在密州，东坡除了描绘自然之美，还写出了《江城子·密州出猎》这首堪称爱国词作典范的词——

❶引用修辞 表达了苏东坡的意气风发和强烈的爱国热情。

[1]“老夫聊发少年狂，左牵黄，右擎苍，锦帽貂裘，千骑卷平冈。为报倾城随太守，亲射虎，看孙郎。

酒酣胸胆尚开张。鬓微霜，又何妨！持节云中，何日遣冯唐？会挽雕弓如满月，西北望，射天狼。”

这首词作于1075年（熙宁八年），当时，北宋虽然在国防力量上有所提升，但是对于契丹和西夏的威胁，北宋朝廷依旧以妥协退让的心态应对，甚至为解决边界之争，而直接割地七百里给契丹贵族。这让苏东坡气愤至极。他在去常山祭神祈雨的归途中与同僚一起游猎时，突然想起了这件事，不禁写下了这首意气风发、豪放不羁，又表达了自己爱国情怀的词作。[2]词的上阕叙事，描述了四十岁的东坡像少年一样身穿貂皮袄，左手牵着大黄狗，右臂上架着苍鹰，带着浩浩荡荡的队伍，在山冈疾风般驰骋的壮观场面，体现了他要像孙权一样单枪匹马为百姓除“猛虎”的决心；下阕抒情，表达了苏东坡虽然已经到了中年，但依旧希望像魏尚一样，得到皇帝的器重，奔赴西北边界，杀敌报国的政治抱负。虽然这只是一次出游时的随笔小词，却充满了英雄气概和爱国激情，成为北宋时期最能展现爱国精神的诗词。

❷详细描写 详细解说了这首词的含义和意境，让读者对这首词有更加深刻的了解和印象。

此外，身在异乡，又面对苦闷的现实，思亲之情在苏东坡的心里油然而生。公元1074年（熙宁七年），苏东坡在前往密州的路上，倍感孤独，于是写了一首名为《沁园春·孤馆灯青》的词寄给苏辙。词的上阕通过环境描写渲染了自己壮志难酬的苦闷；下阕则回忆往事，写当年与苏辙一同赴京考试的意气风发，在感叹世事无常的基础上，表达了自己对弟弟的思念之情。

所谓“日有所思，夜有所梦”，1075 年（熙宁八年）初，思乡心切的东坡做了一个回乡之梦。梦里，他见到了已故十年的前妻。①梦醒之后，往事一幕接一幕地涌入东坡的心中，于是他提起笔来，写下了那首感动了千万读者的词——《江城子·乙卯正月二十日夜记梦》。继这首词之后，次年的中秋节，苏东坡又在大醉之后写下了堪称世间最好的中秋词——《水调歌头·明月几时有》：

❶叙述描写

叙述了苏东坡两首著名诗词的诞生，这两首词感动了千万读者，成为千古名作。

“明月几时有？把酒问青天。不知天上宫阙，今夕是何年。我欲乘风归去，又恐琼楼玉宇，高处不胜寒。起舞弄清影，何似在人间。

转朱阁，低绮户，照无眠。不应有恨，何事长向别时圆？人有悲欢离合，月有阴晴圆缺，此事古难全。但愿人长久，千里共婵娟。”

这首词既表达了苏东坡对弟弟的美好祝福，又体现了他摆脱消极情绪，在苦闷现实面前依旧坚持乐观精神的人生态度。

开辟豪放词派

②在杭州的时候，苏东坡就写过一些词，或抒发怀乡之情，或表达政治苦闷，或赞美杭州的自然美景，虽然在题材、言语和技法方面都比五代时期的词人更为出色，但与苏东坡在密州时期的词作相比较，杭州期间所作的词或许只是他在词创作上的起点。从《江城子·密州出猎》开始，苏东坡就有意在词的创作上寻找一个新的方向，他曾在写给一位好友的信中说

❷排比修辞

说明了苏东坡所写诗词的题材非常广泛，也指出了他在密州时的作品造诣更高。

道："所索拙诗，岂敢措手；然不可不作，特未暇耳。近却颇作小词，虽无柳七郎风味，亦自是一家。"

信中提到的"柳七郎"，就是北宋时期著名的词人柳永。柳永原本出身官宦世家，从小就学习诗词，但在科举考试中却屡试不中，便将心思都用在了填词上。由于柳永经常与歌姬、乐工接触，因此写了许多适合歌唱的词作，且以慢词作品居多。在当时，柳永的词流传于大街小巷，即使是妇孺也能歌唱柳词。①柳永是两宋词坛中创作词调最多的词人，他提倡慢词，且将许多作赋的方法用在了慢词的创造中，还充分使用俗语俚词，采用铺叙、白描等艺术手法，对宋词进行了革新，因此也是对宋词进行全面革新的第一人。

❶正面描写　对柳永进行了详细介绍，不但说明了他作品的创作特点，还说明了他在宋词革新中的突出地位。

但是，柳永的词主要写怨思闺情、离愁别恨、风花雪月等民间常事，并未真正摆脱五代时期的"花间"词派的题材范围，所以这些主题的词并不能反映当时的社会形势。苏东坡在散文创作方面一直坚持"文章合为时而著"的原则，走写实主义的文学路线。因此在词的创作上，他并没有走柳永的路线，而是有意探索出一条独特的写词道路，开辟一种新的词风。事实证明，苏东坡不仅在词的创作上取得了斐然的成就，而且给宋词带来了一场真正意义上的革新。

②首先，就题材范围而言，苏东坡将目光转向了社会现实、人生哲理方面，写百姓生活、民风民俗，以及民族矛盾等，而非风花雪月、离愁别恨之类的事。

❷正面描写　主要介绍苏东坡作品的主题：他将目光锁定在现实主义上，表达了他忧国忧民的思想。

其次，在思想情感方面，东坡在词中或展现自己的爱国热情，或企图唤醒民族的斗争意识，或表达自己对广大农民的同情……而这些都富有极强的时代气息，与之前所有词人的思想情感都不同。

①最后，有了新的题材、新的思想，自然也需要新的艺术手法来创作。在这方面，东坡大胆地突破了音律、词法的限制，采用了“以议论为词”的方法，还将现实主义与浪漫主义相结合，通过环境渲染或展开想象来创造不同的意境，达到引人入胜，激发共鸣的效果。《水调歌头·明月几时有》《江城子·密州出猎》《江城子·乙卯正月二十日夜记梦》等都是新创作手法下诞生的杰作。

❶正面描写

苏东坡在作词方面思想和题材有了进步，他大胆地对词的艺术手法进行了创新，突出了他勇于创新的精神。

新的题材、思想和创作手法使苏东坡成功开创了属于自己的词风。苏词中，不论是体现爱国情怀、民族自豪感，还是表达自己对理想生活的热烈追求，抑或是评议政治、人生等主题的作品，无不酣畅淋漓、浪漫奔放，充分展现了苏东坡的英雄本色和豪放浪漫的人生态度。

②因此，苏词豪迈、奔放、苍劲的风格与柳永词的婉约形成了鲜明的对比。即使是《江城子·乙卯正月二十日夜记梦》这样的悼亡词，也在哀婉凝重的氛围中达到了荡气回肠、感人肺腑的效果，不同于婉约派中的任何一篇爱情题材的作品。苏东坡经过自己的探索与实践为宋词开辟了另一条康庄大道。自此，宋词便分成了婉约派与豪放派两大派系。作为豪放派的开辟者，苏东坡不仅成功地展现了自己的文学革新精神和独具一格的艺术风格，而且确定了他在我国文坛中不可撼动的重要地位。

❷对比手法

将苏东坡和柳永的词及婉约派词作进行对比，突出了苏东坡的词豪迈奔放，感人肺腑。

精华赏析

这一部分描写的是苏东坡去山东任职之后的事情。他在密州任职的时候，在自己能力范围内帮助老百姓，并且诗词的题材和表达方法也有很大改变，为宋词开辟了另一条康庄大道。他独特的艺术风格在中国文坛上占据了不可动摇的地位。

延伸思考

1. 苏东坡为什么申请到山东做官？

2. 苏东坡在密州的时候，诗词方面有了怎样的变化？

3. 为了悼念亡妻，苏东坡写了哪一首词？

相关链接

柳永（约 984—约 1053），福建崇安人，原名三变，后改名柳永，因为排行老七，所以也被人们称为“柳七”，是北宋时期著名的词人，婉约派的重要代表人物。他在年少时期，一心想要考取功名，但是屡次参加科举考试总是名落孙山，后一心填词。柳永暮年及第，是第一位对宋词进行全面革新的词人，也是两宋词坛上创作词调最多的词人。

第九章　徐州知州

名师导读

苏东坡被朝廷从密州调往山西河中府任职。这时候，去年刚复职的王安石又一次被罢相，吕惠卿也失利，时局变动巨大。在这种动荡的局面下，苏东坡的处境会有怎样的变化呢？

时局变动与长子婚事

公元1076年（熙宁九年）冬季，朝廷将苏东坡调离密州，让他到山西河中府任职。第二年正月，苏东坡携家眷途经济南，想到弟弟苏辙此时正在济南任职，便前往苏辙府邸。可是，此刻的苏辙却已经去了京城，只留下家眷在济南的家中。

[1]原来，这时候的朝中正发生着巨大的人事变动，于去年刚复相位的王安石又被罢相了，本打算排挤掉王安石、提升自己地位的吕惠卿也失势了，曾布、邓绾等其他变法派人士也相继被贬谪或主动隐退。此刻，担任宰相的是王链和吴充，后者虽为王安石的亲家，但对王安石的新法并不完全赞同，因此一

❶背景介绍

描写了当时的朝廷现状，这种情况下改革变法是无法再继续下去了。

上台便企图拉拢司马光，让其离开洛阳回到朝廷工作。但是司马光又以废除所有新法，并且停止对外战争为回来的条件，吴充不同意，司马光就在洛阳拒不回京。变法派失势，反对派又不复位，朝廷的政局究竟会如何，谁也无法预料。

①对比手法……突出了苏辙急切的心情。

① 过去，一直是哥哥苏东坡积极上表皇帝，反映社会情况，并积极地提出自己的政见，弟弟苏辙则保持沉默，很少议论时局。如今，面对朝廷突发的时局变动，苏辙竟然一改平时沉静的个性，不仅很快就写好了表章，而且竟然没有耐心等待哥哥到来，就独自带着自己的政治改革表章赴京了。

读书笔记

苏东坡到达济南时，只有三个侄子出城迎接。阔别已久的两家人终于重逢了。与密州相比，济南的经济更加繁华，新鲜有趣的地方也更多。苏东坡一家在这里待了一个多月，直到二月，才带上苏辙的家眷一起前往汴京。

在离汴京三十里地时，东坡远远地就看见了迎着风雪而来的弟弟。兄弟俩再次重逢，激动不已，于是两家人又在中途找了个住处暂住了几天。这时，东坡才从弟弟的口中得知，自己又被改任徐州太守了。

读书笔记

兄弟俩带着家眷再次启程前往京城，结果陈桥门的门吏却说朝廷有命不允许苏东坡进城。两人无奈，只好带着家人折回，去了东外城的范镇家。

范镇与苏氏兄弟本是老乡，再加上平时往来密切，且在政见方面也十分相投，所以关系一直不错。

注释

范镇：1007–1088，字景仁，华阳人，北宋文学家、史学家，翰林学士。

就在这辗转之间，苏东坡与前妻的儿子苏迈已经年满十八了，于是东坡就带着自己的长子到殿中侍御史吕陶家提亲。很快，苏迈便迎娶了吕陶的女儿。第二年八月，苏东坡就有了第一个孙子，并为其取名为子箪。

抗洪救灾

长子成婚后，苏氏兄弟二人便各自带着家眷分别前往徐州和商丘。[①] 当时，苏辙被任命为商丘通判，所以要去商丘。不过，在途经陈州时，苏辙先把家人安顿在了张方平的家中，然后同哥哥一同前往徐州，在那里陪伴了哥哥三个月才回到陈州带上家人前往商丘。

❶叙述描写……突出了兄弟情深。

苏东坡上任徐州知州后，一方面积极向神宗靠拢，上表说道："知臣者谓臣爱君，不知臣者谓臣多事。空怀此意，谁复见明？"另一方面，他对徐州地区进行了相关的考察和分析：从经济上来看，徐州位于津浦陇海的交通要道上，且拥有丰富的煤、花岗岩、铁矿、海产品等自然资源；从军事上来看，徐州地控鲁南，从古至今都是军事要地。

苏东坡针对徐州在经济与军事上的重要性，提出了一些改革建议：[②] 第一，取消铁禁，以减少当地的失业人员，同时加强此地的政治与军事统治力量，更有利地保护国内最大的冶铁中心；第二，放宽朝廷集权限制，给予徐州地方官适当的自主权；第三，对生病的囚犯进行医治，减少因病去世的囚犯数量。

❷叙述描写……陈述了苏东坡针对徐州现状提出的改革建议，这些条款体现了苏东坡体恤百姓，为百姓着想的人道主义精神。

在当时来看，苏东坡的这些建议颇具进步性，尤其是对病囚进行医治的建议，充分展现了人道主义精神。不过，在徐州，最让东坡操心的事莫过于1077年秋的洪灾。

❶数字说明

“五十里”这个数字说明出现决口的地方距离徐州并不远，“方圆几百里”说明受灾的地域很广。

①徐州三面环山，在其北面五十里黄河向东的河岸出现了决口，河水迅速向南漫延，方圆几百里的地方都被淹没了。在徐州城外，漫溢的河水从南面而来，幸好被城南的高山挡住了，但是却在山下不停地涨高。才十来天，山外的洪水就已经高过了城内的街道。

为了抗击洪水，拯救城池，苏东坡亲自带领全城军民与洪水进行殊死搏斗。

❷场景描写

描写了苏东坡带领全城军民共同修筑长堤，抗洪救灾的场面，表现了他身先士卒、心系百姓的优良品质。

②眼看富人们准备仓皇而逃，他亲自坐镇，劝阻了这些逃跑的富人，以达到稳定人心的目的。接着，他亲自参与防洪工程的数字计算，最终决定在城外修筑一条长九千八百四十尺、高十尺、厚二十尺的防洪长堤。要在短时间内完成工程如此浩大的建筑，需要几千人才行。于是苏东坡就动员全城军民共同参与修筑长堤的防洪工程。此外，苏东坡还争取到了徐州禁卫军的协助，在徐州北方设法将洪水引入那些因改道而被废弃了的黄河旧道。

大雨下个不停，河水一天比一天涨得凶猛。苏东坡一直坚守在抗洪第一线，甚至直接住在城墙上的棚子里，日夜巡守。在四十多天的抗洪日子里，苏东坡没有回家一次，哪怕经过家门也没有进去。

读书笔记

终于，在苏东坡的带领下，在全体军民的共同战斗下，十月十三日，雨停了，洪水也引入了黄河旧道，徐州城得救了！

老百姓无不欢天喜地，感谢太守的救命恩情。神宗也对苏东坡领导军民成功抵抗洪水，保住了徐州百姓的生命和财产的行为给予了褒奖。

黄楼诞生

虽然这次徐州在这场洪水中幸免于难，但是黄河对徐州构成的威胁并没有真正解除。在苏东坡来徐州之前，王安石曾派人对黄河水道进行疏浚，还拨了五百万缗的工程款，但工程却以失败而告终，负责人也畏罪自尽了。苏东坡在亲眼看到了洪水的凶猛后，对临时修建的抗洪长堤并不放心，认为必须重建一条更为稳固的防洪堤，才能真正确保徐州人民的生命和财产安全。于是，他在认真计算后，向朝廷提交了建造防洪工程的申请。

①1078年春，朝廷批准了苏东坡的申请，拨款三万贯，米粮一千八百石，另调配了七千二百个工人。半年后，徐州城东就有了一条用木材建造的坚固长堤。与此同时，苏东坡还命人巧用项羽霸王厅旧址的材料建造了一座高约百尺的塔楼，并将其命名为"黄楼"。在古代，黄代表土，而土能吸水，黄楼就是防水之楼的意思，以纪念徐州人民战胜洪水的伟大精神。

为了庆祝黄楼的诞生，东坡于九月初九举行了黄楼的落成典礼。当天，全城百姓都聚集到了黄楼下，共同仰望这座如佛塔般的百尺塔楼。苏东坡携众人登楼远眺，还设筵奏乐，款待来宾们。

②然而，对于徐州的老百姓而言，黄楼不光是抗洪胜利的象征，更代表着苏东坡为徐州所做的贡献，代表着他对徐州百姓的深情厚谊。在徐州，苏东坡不光治理了水患，还关心百姓

❶数字说明

从这些具体的数字上可以看出，朝廷对这次修建堤坝大力支持。

❷正面描写

黄楼的诞生，代表着抗洪的胜利，代表着苏东坡为徐州百姓所做出的贡献，意义深远。

注释

缗：量词，用于成串的铜钱，每串一千文。

健康，哪怕是狱中的囚徒也得到了苏东坡的眷顾，不会再因病或照顾不善而死去；他还严禁军中赌博饮酒，主动帮助那些因官职太低不能享受公费出差而走投无路的军士，让这些军士不会再因筹措旅途费用而去打家劫舍了。

①苏东坡在徐州的所作所为感动了无数人，于是，人们就用“黄楼”来命名苏东坡在徐州期间所创作的诗歌总集，还在以后朝廷禁止阅读苏文时，依旧争相传抄苏东坡所写的黄楼纪念文。

❶侧面描写　可以看出人们对苏东坡的敬佩和喜爱之情。

公元1079年（元丰二年）初，苏东坡离开徐州。徐州的官吏和老百姓都聚集在道路两旁，或献花呈酒，或流泪而歌，有人甚至扳援在马前，不让太守离开。

读书笔记

苏东坡却深深地叹息道：“父老乡亲们哪，我为徐州做的事太少了，不能让你们真正摆脱灾难，也没有为你们谋求多少福利，实在是惭愧！”

随后，他扬鞭策马，吟唱道：“吏民莫扳援，歌管莫凄咽。而我本无恩，此涕谁为设？父老何自来？花枝袅长红。洗盏拜马前，请寿使君公。”

“农民”赞词

就在黄楼修建这年的年初，徐州地区又发生了旱灾，幸好到了五月，终于迎来了一场及时雨。为了感谢上苍，苏东坡亲自来到城东外的石潭谢雨。

②东坡看到飘落的枣花、架上的黄瓜、金黄的豆叶、茂盛的桑麻，还有那已经结了茧的蚕……眼前的繁荣景象让他大为

❷环境描写　通过苏东坡的视角，描写了雨后繁荣的景象，表达出了他喜悦的心情。

喜悦，不禁吟唱道：“照日深红暖见鱼，连溪绿暗晚藏乌。黄童白叟聚睢盱。麋鹿逢人虽未惯，猿猱闻喜不须呼。归来说与采桑姑。”

接着，他听到了喧嚣的锣鼓声，看到了聚集在一起的男女老少。原来，人们正在赛神祭灶。人们看到苏太守来了，纷纷跑来迎接，妇女们还赶紧换装打扮。欢乐的氛围和农民们的热情让他心中颇为感动，于是继续唱道：“旋抹红妆看使君，三三五五棘篱门。相挨踏破茜罗裙。老幼扶携收麦社，乌鸢翔舞赛神村。道逢醉叟卧黄昏。”

①苏东坡将自己置身在农民中，用眼睛去看农村生活，用心去体会农民的思想与情感，然后用词作再现农民的真实生活，吟唱农村的美景，歌颂丰收的喜悦，道出农民生活的苦楚，赞美农民的伟大，表达自己对农村生活的向往。

就政治思想而言，苏东坡用词的形式反映了自己“仁政爱民”的执政理念，体现了自己与徐州农民日益亲近的关系。这说明他对徐州农民有了深厚的情感。

从文学角度而言，苏东坡将农民作为词作的歌咏对象，对农村的男男女女、老老少少进行赞美，使这个一直被文人墨客忽视的社会阶层在词这一文学形式中占了一席之地。这在当时来说，不得不算一大突破。②过去，除了像《渔歌子》这样巧借渔夫来写士大夫知识分子的归隐之心的词作，一般没有词人会在词中提及劳动人民，更不会以劳动人民为赞美和讴歌的对象。只有苏东坡看到了劳动人民在社会生产和生活中的重要地

读书笔记

❶正面描写

苏东坡从农民的角度出发，用词表现农民的真实生活和感情，说明他与百姓打成一片，与百姓关系融洽。

❷对比手法

苏东坡看到了劳动人民的伟大之处，并在词中表达了自己对他们的敬佩之情。

注释

祭灶：旧俗腊月二十三或二十四日祭灶神。

位，看到了他们的伟大之处。

品读这些农民的赞词，我们不仅可以感受到强烈的生活气息，看到卖瓜郎、采桑姑、络丝娘、黄童白叟等一个个立体感十足的人物形象，而且可以感受到苏东坡对农村和农民的热爱之情，从侧面体会他朴实勤恳的吏风，品味明朗而朴素、活泼而优美、浪漫而热情的苏词魅力。

读书笔记

文坛盟主

①自从1072年（熙宁五年）欧阳修逝世后，苏东坡凭借着斐然的文学成就成了新的文坛盟主。在徐州期间，与他交往的文人也越来越多，司马光、文与可、鲜于子骏等人经常与他书信往来；而苏辙、参寥、颜复、王定国等人则常常来徐州探望他。还有“苏门四学士”：晁补之、张耒、秦观（少游）、黄庭坚（鲁直）。晁补之、张耒是在苏东坡来徐州之前就已经拜入了他门下的文人；而秦观和黄庭坚是苏东坡在徐州期间才结识的后辈。

❶正面描写　突出了苏东坡的文学成就，也说明了他在文坛中的至高地位。

公元1078年（元丰元年），秦观从高邮慕名而来，此时的他已经到了而立之年，却依旧是个秀才。虽然屡试不中，但在写词方面却十分有天赋。②秦观的词清新而柔媚，就像春天里的黄鹂。他一来到苏东坡府上，便兴奋地说道：“人生在世不希望封侯拜相，却希望结识徐州的苏太守。”还用“天上麒麟”来赞誉苏东坡。

❷比喻修辞　突出了秦观的词的特点：清新柔媚，给人一种新颖的感觉。

苏东坡也用“江湖放浪久全真，忽然一鸣惊倒人。纵横所值无不可，知君不怕新书新”来赠送给眼前这位才华横溢的年轻词人。秦观与苏东坡非亲非故，但两人初次见面却相见如故，交谈甚欢。

与秦观相比，黄庭坚与苏东坡在关系上更为亲近一些，因为黄庭坚的岳父是孙觉，舅舅是李公择，这两个人都是苏东坡的旧友，所以东坡对黄庭坚的人品和才华早有所闻。不过，和秦观相比，黄庭坚的性格更为内向寡言，所以他并没有亲自拜访苏东坡，而是在秦观来之前，给苏东坡写了一封信，并且附了两首诗文。苏东坡读过黄庭坚的信与诗文后，不禁用“精金美玉”来赞美他。然后，又在写给黄庭坚的回信中和了两首诗。

读书笔记

①黄庭坚是苏门四学子中年纪最大的，也是继苏东坡之后，诗歌成就最大的诗人，后人往往将他与苏东坡并称为“苏黄”。

❶正面描写 黄庭坚能够与苏东坡并肩，被人们称为“苏黄”，说明他在文学上的成就也是非凡的。

总之，此时的苏东坡虽然只有四十多岁，但作为新的文坛盟主，受到了整个学术界的爱戴，尤其是文坛后辈们，对他更是充满了膜拜与敬仰之情。

精华赏析

苏东坡去徐州做太守，他身先士卒，带领百姓和士兵修堤坝，抗击洪水。黄楼的建造表达了人们对他的感激之情。同时，由于欧阳修的去世，苏东坡凭借着自己高超的文学成就成为新一任文坛盟主，受到了整个学术界的尊敬和爱戴。

延伸思考

1. 苏东坡在徐州做太守的时候，主要有什么功绩？

2. 黄楼是怎样建造起来的？

3. 与苏东坡并称“苏黄”的人是谁？

相关链接

黄庭坚（1045—1105），北宋著名文学家、书法家，字鲁直，号山谷道人，晚号涪翁，是洪州分宁（今江西省九江市修水县）人。他生前与苏轼齐名，世称“苏黄”；与杜甫、陈师道和陈与义有“一祖三宗”（“一祖”指杜甫；黄庭坚为其中一宗）之称。黄庭坚的书法亦别具一格，为“宋四家”之一。

第十章　乌台诗案

名师导读

苏东坡的仕途比较坎坷，在1079年4月，他去浙江湖州任职的时候，遇到了一场针对他的“暴风雨”。想知道他遇到了什么事情吗？一起去文章中看看吧。

小人阴谋

公元1079年（元丰二年）四月，苏东坡携家眷到达浙江湖州，接任湖州知州一职。但是令他没有想到的是，一场“暴风雨”正在朝自己靠近。

①我们知道苏东坡是一个疾恶如仇、率性直爽的人，曾经写过很多反对新法，甚至斥责朝中小人的诗文。可是，除了惹怒过一次王安石而被贬为杭州通判，基本上没有给自己惹来什么大麻烦。此次他移职湖州，依照惯例给皇帝写了一封谢恩表——《湖州谢上表》，并且依旧保持着“有话直说”的写作风格，写了几句当权派不爱听的话。这下子，麻烦就

①正面描写 说明了苏东坡的性格特点，他疾恶如仇、直爽率性，同时也很谨慎。

来了。

在谢恩表中，东坡写道："伏念臣性资顽鄙……知其愚不适时，难以追陪新进。察其老不生事，或能牧养小民。"

苏东坡在谢恩表中想要表达的意思无非是虽然自己无政绩可言，但感激皇帝赐了自己这个职务。表中的这几句话不过是一些谦词而已，但他却用了"新进""生事"等敏感词汇。[①]在朋党之争时，司马光曾在写给王安石的信中用了"生事"一词，后来这个词就成了攻击新法的习惯用语；而苏东坡又在《上神宗皇帝万言书》中写道："（王安石）招来新进勇锐之人，以图一切速成之效……近来朴拙之人愈少，而巧进之士益多。"因此，"新进"也就成了那些忽然晋升的无能之辈的代名词。而此时在御史台当权掌事的恰恰是在变法派阵营中蹿升起来的李定、舒亶、何大正、李宜之等三流人才，都是名副其实的"新进"。

❶叙述描写　讲述了"新进"这个词在当时社会上的独特含义，苏东坡在文中用到了这个词，为自己埋下了祸根。

过去，变法派以王安石为首时，苏东坡在诗文中谈论捐税、征兵、农民疾苦等，王安石虽然不悦，但也多半只是装聋作哑，不闻不问。[②]可现在，王安石失势，原先全力支持变法的后辈成了新的大地主阶级，为了维护自己的阶级利益，就打着维护"新法"的旗号，以权谋私，并且想方设法地削弱反对派的势力。虽然此刻的苏东坡对新法的态度已经由原来的坚决反对到一定程度上的容忍，甚至认可了新法中的个别条例，在其文学作品中也不再声色俱厉地攻击新法了，可是与其他反对派人士相比，苏东坡是"西南匹夫"，是寒门学子出身，在朝中既无皇亲国戚做靠山，又无坚实的阶级基础，自然就成了这些

❷社会背景　王安石变法失败，曾经的支持者变成了新的地主阶级，他们为了维护自己的利益，奋力排挤反对派。

"新进"们借以打压反对派的突破口。[①]说到底，苏东坡就是变法派与反对派斗争到一定阶段的牺牲品。

在古代，朝廷公文都会按期出版，供人传阅，这就是所谓的公报。每一次，苏东坡的文章都能在公报中占有一席之位，且引起许多人的注意。这一次，他的谢恩表也一如既往地吸引了众人的眼球，与此同时，也成了这些阴谋分子陷害他的"证据"。

[②]就在苏东坡上任湖州知府两个月后，监察御史里行何大正紧紧抓住谢恩表中的"新进""生事"等词，以"藐视朝廷，妄自尊大"为由，对苏东坡进行弹劾。几天后，同为监察御史里行的舒亶也上表弹劾苏东坡，并且附上了苏东坡的诗集——《元丰续添苏子瞻学士钱塘集全册》，以此作为指控苏东坡"诋诮新法""包藏祸心"的铁证。

国子博士李宜之、御史中丞李定也紧随其后，分别上折弹劾苏东坡。尤其是御史中丞李定，他在奏折中罗列了四大罪状指控苏东坡，还请求皇帝处死这个目无法纪和朝廷的"狂妄之徒"。

神宗虽然欣赏苏东坡的才华，但是一下子收到好几封弹劾苏东坡的折子，也只好将案件交由御史台，任命李定为检察官，派中使皇甫遵去湖州将苏东坡带回京城审问，但不允许途中将苏东坡关入监狱过夜。

被 捕

当时，驸马王诜与苏东坡私交甚好，那本《元丰续添苏

❶**正面描写**

在新法改革中，苏东坡的立场注定了他会成为帮派斗争的牺牲品。

❷**叙述描写**

监察御史抓住苏东坡谢恩表中的个别词语，故意歪曲事实，对苏东坡进行陷害。

❶叙述描写 表达了苏东坡与友人以及弟弟之间的深厚感情。

子瞻学士钱塘集全册》就是他为苏东坡印刻的。[①]因此，他一得知朝廷要逮捕苏东坡的消息后，就立刻派人给苏辙送信。苏辙得到消息后，又刻不容缓地派使者去湖州告知兄长这个坏消息。

使者马不停蹄地日夜狂奔，终于抢在了皇甫遵的前面到达了湖州太守官衙。

❷正面描写 苏东坡这个时候正在因为好友文与可的去世而悲痛不已，他没有意识到危险正一点点地向自己逼近。

那天是农历七月七日，四个多月前，画竹名家文与可去世了。[②]苏东坡已经为好友的离世伤心难过了好几个月，此刻才刚刚从悲痛中缓过来，正在庭院中晾晒文与可留下来的名画。看到画中那些栩栩如生的竹子，他又不禁悲从中来，泪流不止。

就在这个时候，使者赶到，并且将朝廷正派人来抓捕他的消息告诉了他。苏东坡听后，顿时慌了神，不知道自己究竟犯了什么罪，更不知道会被处以何种刑罚，于是立刻请了假，让身边一个姓祖的通判暂代太守之职。

读书笔记

几天后，皇甫遵的人马就到了。官差们个个凶神恶煞，太守府官衙的人个个吓得面如土色，不知所措。苏东坡本人也闭门不出，问祖通判该怎么办。祖通判说：“躲也无济于事，不如出去面对。此刻，您还没有被罢官，还是按礼数接待他们吧！”

苏东坡戴上官帽，穿上官衣和官靴，手里拿着笏板，立在厅中，让太守府的其他人并排站在自己的身后，然后命人打开大门迎接皇甫遵等人。

皇甫遵走进大厅，官差们迅速围了上来，气氛十分紧张。

东坡叹息道：“唉，我知道我已经多次冒犯朝廷了，这次恐怕是必死无疑了！请允许我回家和家人告别吧！”

皇甫遵听后，淡淡地说道：“没这么严重。”说完，便拿出公文。

公文上只是说罢黜苏东坡湖州太守的职务，传唤其入京，且即刻启程。

苏东坡回到家，见全家人泣不成声，就说了一些安慰的话语，缓解了家人的紧张情绪。

①很快，苏东坡要被逮捕入京的消息就不胫而走，那些平时与他亲近的同事、朋友都躲躲藏藏，不知所踪。官衙中只有陈师锡和王氏兄弟为他设筵饯别。

七月二十八日这天，苏东坡被两个官差押解着出城登船。大河两岸挤满了前来围观的百姓，见太守被捕，很多人都泣不成声。

押解人员蛮横无理，对待堂堂太守竟然犹如“驱逐鸡犬”般。②苏东坡上船后，一想到此刻的狼狈模样，又担心入京后被处死，再回想起曾经的意气风发，竟然两次想到了跳江自杀，可转念，又怕因此连累了弟弟，只好打消了轻生的念头。

十天后，苏东坡就被关进了御史台的监狱中。等待他的将是严厉的审问过程。

狱中被审

刚进监狱时，苏东坡倒也没吃什么苦。或许因为是皇家监狱，而苏东坡一直受神宗赏识，狱卒们对他十分客气，甚至每天晚上为他洗热水澡。长子苏迈每天都会来送饭菜，父子俩商

读书笔记

❶正面描写

苏东坡被罢官，前途渺茫，危险未知，而平时一些亲近的同事、朋友却都躲了起来，真是人情淡薄啊。

❷心理描写

突出了苏东坡内心深处的痛苦。

量好，平时只送普通饭菜，如果有什么坏消息就送鱼来。因为苏东坡自己准备了丹药，万一必死无疑，他就服药了结自己。然而，正是这个暗号闹出了一个“小事故”。

那天，苏迈有事不能给东坡送饭菜，便托了一个亲戚帮忙。亲戚好心给东坡做了一条鱼送来。[①]这下可把东坡吓坏了，他心想：“看来我真的要被处死了。”

惊吓之余，东坡并没有按照事先所想那样服用丹药，而是给弟弟苏辙写了两首“绝命诗”，然后拜托狱卒送了出去。

但是，东坡的担心是多余的，因为这纯粹是个误会，皇帝并没有处死他的打算。

审察是从八月二十日开始的，审察官是御史中丞李定。

[②]当年，李定为了稳固自己在朝中的地位竟然隐瞒母亲去世的消息，而且也不回家守丧。司马光因此骂他“禽兽不如”，苏东坡也谴责他“不孝”，李定因此怀恨在心。现在他晋升为御史中丞，又担任了苏东坡案件的检察官，自然不会放过报复苏东坡的机会。因此，他同何正达、舒亶等人要么从苏东坡的诗文、书信中寻找其“犯罪”的蛛丝马迹，要么就牵强附会、捏造事实、伪造文书……总之，这些“新进”们挖空心思地要将苏东坡定成一个“罪恶滔天”“死有余辜”的犯人。

按照惯例，正式审问开始，犯人要先自报姓名、年龄、籍贯、中举年月、所担任过的官位、相关的举荐人，以及期间的犯错记录等。其中，最为重要的就是犯错记录，因为“犯罪前科”会在很大程度上影响新案件的判决意向。

据苏东坡自己交代，他在近二十年的为官生涯中，只有两次犯错记录：第一次是任凤翔府判官时，因与顶头上司不和而

❶心理描写

父子之间设定了暗号，由于亲戚不知道这个暗号，造成了误会，表现了苏东坡心里的恐惧。

❷叙述描写

叙述了李定和苏东坡之间结仇的过程，说明李定是一个贪图官位、小肚鸡肠的小人。

读书笔记

未参加秋季官方仪典，被处罚了八斤红铜；第二次是任杭州通判时，因没有呈报小吏挪用公款一事，又罚了八斤红铜。

针对御史台对自己的指控，一开始，苏东坡只承认自己的确在《山村五绝》中写了讽刺青苗法和盐法的诗句。前者为“赢得儿童语音好，一年强半在城中”；后者是“岂是闻韶解忘味，迩来三月食无盐”。除此之外，再无讽刺朝政的文字了。

读书笔记

几日后，在几个御史台官员的威逼下，苏东坡只好承认《八月十五日看潮》中的“东海若知明主意，应教斥卤变桑田”两句讽刺了朝廷兴修水利的情况；《戏子由》的主旨违抗了朝廷的新兴律。

① 但是这些“罪证”远远不能达到小人们将他置于死地的目的。于是，御史台又派人四处去搜查苏东坡的诗词、书信和其他文稿。

❶正面描写：说明李定心里对苏东坡是恨得不得了。

根据苏东坡后来写给友人的信中记载，为了避免苏东坡的文稿给他带来更大的麻烦，他的家人在他被抓后就烧掉了家中他所写的大部分文稿，只有三分之一的手稿残存了下来。

果不其然，苏东坡的家人在进京路过安徽的时候，真的碰到了前来查抄文书的官兵。官兵们将船团团包围，吓得女人们哆嗦，孩子们大哭，船上的东西也被翻得乱七八糟。

② 到了九月份，御史台共查获了苏东坡与他人互寄的一百多首诗文辞赋，并由此牵连出司马光、王诜、曾巩、李清臣、孙觉、王汾、王安上等几十个文人政客。1077年，苏东坡曾寄了一首《独乐园》给司马光，诗的内容是这样的：“先生独何事，四海望陶冶。儿童诵君实，走卒知司马。抚掌笑先生，年来效喑哑。”

❷叙述描写：为了个人恩怨，牵连众多无辜的人，这个李定真是可恶！

❶正面描写

御史台的阴谋家们为了达到不可告人的阴暗目的，故意歪曲事实，恶意陷害苏东坡。

[1]御史台的阴谋家们指控这首诗也讽刺了新法，还说苏东坡说“四海望陶冶”的意思是天下都盼着司马光来陶冶，这是对执政者们的讥讽；又说“儿童诵君实，走卒知司马”这两句依旧在讽刺新法。对于这些指控，苏东坡一一认罪。

接着，“新进”们又费尽心思地找到了《和韵答黄庭坚二首》《汤村开运河，雨中督役》《王复秀才所居双桧》等苏东坡赠给王诜、黄庭坚及其他友人的诗文。这些诗文中的确有些内容抨击了新法，但更多的是表达苏东坡及其他友人对广大农民的深切同情。可是，这些狡猾的御史们不分青红皂白地将这些诗文牵强附会地说成是讽刺朝廷、当权者或法律的谋逆文章。比如，《后杞菊赋》一诗被说成是用吃杞菊苦种籽的事来讽刺朝廷官员的俸禄低，《汤村》被指责为以开通运盐河道的事来诋毁朝廷政策，等等。

读书笔记

这些小人尤其抓住了《王复秀才所居双桧》中的“根到九泉无曲处，世间惟有蛰龙知”两句诗大做文章，还让副宰相王珪以此在神宗面前诽谤苏东坡。于是王珪对神宗说：“陛下，您是飞龙，可苏东坡却说‘不知己’，只有生活在地下的蛰龙才了解他，这不是大逆不道、蓄意谋反吗？”

❷语言描写

面对别人对苏东坡的恶意陷害，神宗还是比较理智的，说明这个人还没有昏庸到一无是处。

神宗冷静地说道：[2]“诗人的话不能用常人的理解去看，得问问他自己是什么意思。”

于是，御史台让苏东坡交代是否在用“蛰龙”讽刺圣上。

苏东坡巧妙地解释道：“当年，王安石写了‘天下苍生待霖雨，不知龙向此中蟠’两句诗，我这里的龙就是那条龙。”这

注释

王珪：字禹玉，舒州（今安徽潜山）人，宋神宗熙宁年间宰相，著名诗词家，文学家，有《王珪集》。

下子，轮到御史台的人哑口无言了。

然而，审问持续了五个月，在政敌们的步步紧逼中，在痛苦的拷问面前，苏东坡不得不将更多与自己有书信、诗文往来的人供认出来。御史台让苏东坡写了两张人名单：一张上写着收受讽刺诗的人员；另一张上写着与苏东坡有文稿来往，但并没有写讽刺诗文的人员。

①第一张名单上共有二十九人，包括了司马光、僧道潜、颜复、陈襄、陈珪、曾巩、黄庭坚、孙觉等，就连已经离世的欧阳修、文与可、张先等人都在上面，还有苏东坡的弟弟苏辙，也位列其中；第二张名单上共有四十七人，包括晁端彦、章傅、孙弁、孙洙等。

❶叙述描写

写了两张名单，也从侧面说明与苏东坡交往的人甚多，而且皆是一些文学造诣高的人。

监狱外的“较量”

虽然苏东坡只是小地主家庭出生的“寒门学子”，但作为当时的文坛盟主，他的案件必然会引来极大的社会关注度。苏东坡在监狱中艰难地应对着李定等人的各种毒辣审判的同时，监狱外也展开了一场复杂的“较量”。这是营救苏东坡的人们与御史台那几位要置苏东坡于死地的“新进”们之间的斗争。

②从苏东坡一被逮捕，弟弟苏辙就积极奔走，想方设法营救哥哥。当他读了哥哥让狱卒带给自己的那两首“绝命诗”后，不禁伏案大哭。

❷正面描写

这段话写的是苏辙，兄弟之情表露无遗。

然后，他擦干眼泪，沉默了一会儿，便把这两首诗又还给了送信的狱卒。后来，狱卒将信上交，于是这两首诗最后便到了神宗的手中。神宗见这两首“绝命诗”的言辞极其悲惨，且充满悔意，尤其是读到“圣主如天万物春，小臣愚暗自亡身”

两句时，更是感动不已。他原本就很欣赏苏东坡的才华，将苏东坡关进监狱也只是想趁人弹劾他之际，压压他的狂妄之气。现在，苏东坡既然已经有了悔意，神宗自然不打算再重罚他。

❶正面描写……突出了兄弟间的深情，也说明苏辙为了救兄长，不贪恋荣华富贵。

①苏辙在归还了哥哥的“绝命诗”后，立刻拿出纸笔，写了一封信给神宗，主动请求纳官救哥，即交出自己所有官职官位换取哥哥的性命。

除了弟弟苏辙，好友范镇和张方平也在积极想办法救苏东坡，他们上书神宗，说直言的批评与恶意的诋毁是两回事，苏东坡所作的诗文不过是针对某一具体的政治问题提出自己的看法或发发牢骚而已，并不是恶意讽刺或中伤朝廷，更谈不上藐视君王，还指出圣人孔子所修订的《诗经》中也有一些批评政治的，而这些都是坦诚的批评，不能被视为犯罪证据。

朝廷中，还有少数大臣虽然没有直接站在苏东坡的战线上，但坚持实事求是地看待御史台所指控苏东坡的罪状，在很大程度上帮助了苏东坡脱离困境。

当日，副宰相王珪在神宗面前以“根到九泉无曲处，世间惟有蛰龙知”两句诗来冤枉苏东坡有谋逆之心的时候，有个叫章惇的大臣立刻反驳道：“凡人也可以称为‘龙’，比如三国时期的诸葛亮就自称‘卧龙’，也没有人觉得有什么不妥的。”退朝后，章惇还义正词严地指责这帮人。

❷语言描写……宰相吴充在神宗面前说的话，无疑帮了苏东坡一把。说明吴充是一个比较正直的人。

宰相吴充也在神宗面前替苏东坡说好话：②“曹操能够容忍狂妄的祢衡，陛下比他更仁义，又怎么会容不下区区一个苏东坡呢？”

王安石被罢相后，神宗每每想念王安石，就会召他的弟弟王安礼过来说说话，而王安礼也在劝说神宗的队伍之列。当那些阴谋家劝神宗处死苏东坡时，他力劝神宗，说不能这样做，还说苏东坡的确非常有才华，可是在仕途上屡屡不得志，难免心中有埋怨，在诗文中发几句牢骚是非常正常的事。

就连谪居金陵且在政见上向来与苏东坡不和，还被苏东坡抨击过的王安石，也在这个时候给神宗寄来书信，说："安有圣世而杀才士者乎？"

苏东坡的案子甚至引起了后宫的关注。当时，仁宗的皇后已经成了太皇太后。一日，病重的太皇太后唤神宗到床前，苦口婆心地说道：①"当年，仁宗在苏轼和苏辙兄弟俩一起中举后，回来对我说'我今天给咱们的子孙谋得了两个宰相'，难道你要杀了你爷爷给你求得的人才吗？"

❶语言描写

太皇太后在重病之际告诉神宗，苏氏兄弟是宋仁宗发掘出来的人才，他应该做一个珍惜人才的明君。

不久，太皇太后就病逝了，这些话就成了她的临终遗言，所以对神宗产生了巨大的影响力。

此外，那些曾经受过苏东坡恩惠的老百姓们也用自己的方式为"恩人"请命，他们举办"解厄道场"长达四十多天，都盼望着苏东坡能够被无罪释放。

虽然各大阶层中都有人在为苏东坡请命，设法救他出狱，但是御史台里那几位当权者并不会因此改变主意，他们一心要处死苏东坡，甚至打算趁此机会将所有反对派一网打尽。

②这场明争暗斗犹如狂风一般，在朝廷掀起了汹涌的波涛，从侧面暴露了变法派内部的分裂，以及少数的变法派分子与反对派人士的激烈斗争。同时，这也说明神宗在对待变法派和反对派的态度上有了很大的转变：在政见上，他不再一味听

❷比喻修辞

说明两派之间的斗争非常激烈。

注释

道场：和尚或道士做法事的场所，也指所做的法事。

从变法派的，而是更多地参考各方意见。

审判结果

十月十五日，御史台将苏东坡诗案的审理报告交给神宗。报告中有数万字的“罪犯”供词，还有两张“共犯”的名单，其中，被列为“重罪犯”的有司马光、王诜、黄庭坚、张方平、范镇、苏辙等二十多人。御史台奏请神宗将“罪大恶极”的苏东坡及其共犯斩首示众，以维护朝廷和君主的威严。

读书笔记

可是，神宗从一开始就没有打算处死苏东坡，况且还有那么多人为苏东坡说好话，再加上太皇太后去世，理应大赦天下，因此他并没有同意御史台的奏请。

两个月后，圣谕下发，苏东坡诗案终于有了结果，这个审判结果却让李定等人大失所望。

苏东坡被贬为黄州团练副使，无签署公文之权，且不得擅离该区。这实际上是将苏东坡发配到了黄州，并且受地方官吏的监管。其他被苏东坡招供的人，不论官职大小都受到了不同程度的处罚：轻者罚铜，重者贬官谪居。

读书笔记

其中，有三人处罚最为严重。第一个就是苏辙，他虽然向来稳重，并没有被御史台找到多少实质性的罪证，但因他纳官救兄，被贬为筠州监酒。第二个是驸马王诜，因他与苏东坡的来往非常密切，而且收录了苏东坡许多作品，还出版了苏东坡诗集，在苏东坡被缉拿归案后又“奏事不实”，极力维护苏东坡，所以被罢免了所有官职。第三个是王巩，从各个角度来看，王巩都是无故被牵连的人，因为他并没有收受苏东坡的讽刺政治的诗文，完全是被小人陷害了，以至于被发配去了西北。

苏东坡的案件牵涉的人物众多，涉及的文学作品更是数量庞大，这样的“文字狱”在历史上都是非常少有的。因为当时关押和审判苏东坡的地方为御史台，而御史台又叫作“乌台”，所以，这个案件就被后人称为“乌台诗案”。

这一部分主要讲述了历史上有名的“乌台诗案”。奸人陷害苏东坡，从他的诗词入手，恣意诬陷他，苏东坡被捕入狱。他的弟弟苏辙和好友都为了营救他而奔波，许多人被牵连。虽然苏东坡最后被无罪释放，但是这个案子涉及的人物众多，文学作品更是数不胜数，造成了史上有名的“乌台诗案”。

1. 苏东坡被人陷害，要被捕的消息是谁送给苏辙的？

2. 苏东坡最后被释放了吗？

3. 这次因文字造成的事件被称为什么？

苏辙为了救哥哥放弃了官职，如缇萦救父，我们来讲讲缇萦救父的故事。故事发生在汉文帝时期。淳于意被押送去长安，他有5个女儿，跟在囚车后面哭。淳于意生气地说生女儿不如生儿子，危急时儿子可以帮忙。小女儿缇萦听了父亲的话感到非常难过，她跟父亲向西行，并上书说父亲本来是个清正廉明的好官，现在虽然犯法应该获罪，自己愿意做女仆替父亲赎罪，希望能给父亲一个改过自新的机会。皇上知道之后被她感动，并因此废除了肉刑。

第十一章　谪居黄州

名师导读

“乌台诗案”之后，苏东坡被贬为黄州团练副使，弟弟苏辙受到了最严重的牵连。他将家眷留在弟弟家中，带着大儿子去黄州上任了。在黄州，苏东坡将会面临怎样的生活呢？

初到黄州

1080年（元丰三年）初，苏东坡终于结束了一百三十天的牢狱生活。他将家眷留在了苏辙的家中，自己带着大儿子苏迈先前往黄州。

黄州是一个离汉口大约六十里地的江边小镇。二月一日，东坡父子二人到达黄州。

①由于“罪废”的特殊身份，东坡并没有属于自己的府邸，只能暂住于一个叫作定惠院的山中寺庙。他与僧人们同吃同住，闲暇之时，常常散步于山楂树下，作一些闲诗，很快，就结交了一些新朋友。

❶正面描写　表明了苏东坡生活状况很不理想。

每当朋友造访，苏东坡就携友漫步于庭院、庙宇，或去长江两岸的丘陵、平原地带游玩。①苏东坡凭借着坦率直爽的为人与非凡的才华得到了黄州徐太守和武昌朱太守等人的赏识，因此常常被邀请参加各种酒宴。

❶侧面描写

从侧面说明两位太守也是惜才之人。

五月，苏辙带着哥哥的妻儿来到了黄州，兄弟二人小聚三日后才依依不舍地分别。接着，苏东坡就搬离了定惠院，带着一家大小住进了江边驿亭。这个驿亭名为临皋亭，是给走水路的官员歇脚小住的地方，因此修得十分简陋，夏热冬冷，环境十分糟糕，但即使是这样一个居所，还是在黄州太守和鄂州太守的共同帮助下，才为苏东坡申请到的。因为按照苏东坡当时的身份来说，他并没有资格住进官驿。对苏东坡来说，能够在这个简陋的屋舍里望水空相接的苍茫，看江面来往的风帆，已经是莫大的幸运了。因此，在他的笔下，临皋亭竟然变成了“风涛烟雨，晓夕百变。江南诸山在几席，此幸未始有也”的人间仙境。

读书笔记

然而，不管苏东坡的精神世界多么丰富，物质生活的匮乏却是不争的事实。对此，我们可以从他写给朋友们的一些书信中了解一二。在给章惇的信中，他说：②“黄州僻陋多雨，气象昏昏也。鱼稻薪炭颇贱，甚与穷者相宜……俸入所得，随手辄尽……见寓僧舍，布衣蔬食，随僧一飧，差为简便，以此畏其到也。”在给秦少游的信中，又说：“初到黄，廪入既绝，人口不少，私甚忧之。但痛自节俭，日用不得过百五十。每月朔，便取四千五百钱，断为三十块，挂屋梁上。平旦用画叉挑取一块，即藏去叉。仍以大竹筒别贮用不尽者，以待宾客，此贾耘老法也。”可见，为了生计，苏东坡不得不精打细算地过日子。

❷引用修辞

说明苏东坡在黄州日子过得很窘迫。

❶数字说明

对黄州的物价进行了描写。这样的物价对苏东坡的窘迫起到了很大的缓解作用。

[1]好在黄州紧邻长江，运输费用低，且该地区原本物产就十分丰富，所以物价也非常低廉，一斗米只要二十文钱，就连羊肉、鹿肉等都很便宜，至于鱼、虾、蟹，几乎不需要钱就可以得到。另外，亲友们也常常接济苏东坡，所以他才能乐观地对秦少游说道："度囊中尚可支一岁有余。至时，别作经画，水到渠成，不须预虑。以此胸中都无一事。"

值得一提的是，远离京城的苏东坡并没有真正摆脱政敌的"纠缠"。在其谪居黄州期间，依旧有人企图"追查"他在徐州时包庇李铎、郭进等老百姓谋反的事。要知道，一旦罪名成立，苏东坡必然难逃一死，幸好他能言善辩，给皇帝写了一封申辩信，且在信中说自己已经没有官位可以削了，一定会安分守己，不会再给皇帝添麻烦。皇帝才对所谓的"追查"一笑置之。

"东坡居士"

❷侧面描写

苏东坡断了俸禄，在好友的帮助下只好以耕种田地为生。

到黄州的第二年，朝廷完全停了苏东坡的俸禄，这让苏东坡一家老小陷入了绝境。[2]故友马正卿见苏东坡生活如此艰难，心中不忍，就向黄州太守求了一块地，让苏东坡无偿耕种。这块地约有五十亩，是曾经的驻兵营地，因为常年荒废，布满了茨棘瓦砾，开垦难度相当大。可是，为了全家人的生计，苏东坡下定决心要与废垒颓垣、蓬蒿瓦砾做斗争，非要在这块贫瘠顽固的地里种出庄稼来不可。

他先做了一个整体规划，然后拟出工作的具体步骤，决定在湿度大的地方种稻谷，在土质干的地方种麦子，还特别规划了枣、栗、桑、竹、桃树、茶、蔬菜等种植地，甚至计划养一些鱼儿。[①] 原本，征服这块顽固土地就如同从乌龟身上拔毛来织毯子一样困难，偏巧又碰上了大旱年，苏东坡从早到晚地劳动，直到筋疲力尽才会卧床休息，因此也免不了哀叹。可是，他最终还是成功地实现了自己的理想，让这片废弃的军营地变成了全家生存物质的唯一来源。

❶比喻修辞

突出了想要在这块土地上种出粮食来，难度是非常高的。

由于这块地呈西高东低之势，被当地人称为“东坡”，所以为了让自己铭记这段艰难拓荒的岁月，苏东坡不仅写了《东坡》九首，以东坡的顽石自喻，还为自己另取了一个别号——“东坡居士”，以此象征多舛的命运。由此，开启了“苏东坡”的新生活。

1082 年（元丰五年）的春天，苏东坡又在东坡的高垄处挑了一个地方，建了五间草房。由于草房在雪天竣工，所以苏东坡便为其取名为“雪堂”，他还亲自在雪堂的墙壁上画了优美的雪景，门额上题写了“东坡雪堂”四个字。从此，苏东坡就有了一个休息与待客的理想之所。

[②] 雪堂坐北朝南，门前的台阶下有一条横跨的小沟，沟上架着小桥，颇有小桥流水人家的韵味；东面有一株苏东坡亲自栽种的柳树，还有一口他亲手打通的水井，此外还有麦地、稻田、桑林、茶园、果园和菜圃等；西面是一大片竹林，林间有一条小道，可通往姓古的邻居家；后面的山坡上则矗立着远景亭，此亭视野开阔，可供苏东坡及来访的友人一同欣赏乡野美景。

❷环境描写

描写苏东坡的“雪堂”。这块荒地在苏东坡的辛勤劳作下，终于变成了一个美好的聚会之地。

雪堂落成之时，苏东坡坐在堂中，看漫天飞雪翩翩起舞，心中甚是欢喜，于是写下了著名的《雪堂记》一文。

不过，雪堂只是苏东坡耕种期间休憩或朋友造访时的聚会之所。[①]他的家人依旧住在临皋亭，而此时的临皋亭因为年久失修，已经非常破陋了，不是被阳光暴晒，就是下雨屋漏。更麻烦的是，一旦有官员要来暂住，苏家人就得暂时去找别的地方住。1082年（元丰五年）秋季，淮南使蔡景繁到黄州巡察，见苏东坡带着一家大小因为自己的到来而四处找住处，心中十分惭愧，便嘱咐黄州地方官为苏东坡另外盖了三间房子。

❶叙述描写 突出了苏东坡一家生活的窘迫、不如意。

[②]正月，房子落成，因为这三间小屋在临皋亭西南方向的山坡上，苏东坡便将其命名为“南堂”。南堂不仅让苏东坡一家有了真正的容身之所，还给了苏东坡许多创作灵感。《南堂五首》就是苏东坡围绕着自己在南堂中的所感所想创作的组诗，这五首诗形式上独立成篇，但内容上一脉相承，勾画了美丽的山水人物画卷，营造了大自然的静谧之美，更体现了苏东坡内心的悠然自得。

❷过渡句 写出了“南堂”建成的意义。

在黄州生活期间，这位“东坡居士”不但亲自垦荒地、修草屋、筑水坝、挖鱼塘、打暗井、养鸡鸭，还总是亲自下厨煮饭烧菜，俨然成了一个乡野农夫。久旱逢雨时，他会喜不自禁，欣然作诗道：“四方上下同一云，甘霪不为龙所隔。蓬蒿下湿迎晓耒，灯火新凉催夜织。老夫作罢得甘寝，卧听墙东人响屐。”看见嫩芽破土或是井中出水时，他会又蹦又跳，开心得像个孩子；而那些风中摇曳的庄稼、树苗，更是让他得意无比；吃着自己种出的粮食、蔬菜，他才真正品尝到食物的美味。

苏东坡尤其擅长烧煮菜肴。面对黄州的猪肉便宜，但“富者不肯吃，贫者不解煮”的现象，[③]苏东坡发明了一种简单的炖肉方法：猪肉与清水一同下锅，煮沸后改文火慢炖，添上酱

❸正面描写 写了东坡肉的制作方法，虽然简单，但是做出来的肉却味道鲜美，不失为一种美食。

油及其他调料，炖至肉烂即可。苏东坡还喜欢煎鱼，选一条合适的鲤鱼，清水洗净，抹上盐，鱼肚塞满白菜，然后放入锅中，不翻面，煎至半熟，放入小葱、姜片、咸萝卜汁和少许酒，出锅前再放入几块橘子皮，出锅趁热吃。他还发明了一种独特的煮汤和蒸饭同时进行的方法，即用一口两层锅，下层放入各种青菜，加入清水和一点姜，上层放半熟的米饭。然后给锅加热，时间一到，饭菜全熟，清香扑鼻。对于穷人而言，这是再适合不过的烹饪技法了。苏东坡还将此方法推荐给了寺庙里的僧人。

读书笔记

为了纪念苏东坡，人们将苏东坡所发明的这些美食纷纷冠以“东坡”二字，因此便有了东坡肉、东坡鱼、东坡汤、东坡肘子，等等。

读书笔记

“八面受敌”法与《东坡题跋》

尽管苏东坡在谪居期间要为养家糊口而辛苦劳作，但他并没有因此耽误读书，更没有放弃诗文的创作和学术的研究。[1]苏东坡之所以能够成为北宋文坛，乃至整个中国文学史上响当当的人物，正是因为他从小就具有勤奋好学、积极治学的精神。据了解，苏东坡曾三次手抄《汉书》，以至于随便从《汉书》中挑出一个字，他都能将包含这个字的整篇文章倒背如流。

❶解释说明

说明没有任何一个成功是不靠努力就能得来的。

不仅如此，苏东坡还有一套独特的读书和治学之法，即“八面受敌法”。这个名字是苏东坡自己取的，用我们今天的话来说，就是分类阅读法、分类研究法或者叫专题读书法、专题研究法，等等。苏东坡曾对苏辙的女婿王庠说："积学数年，自有可得之道。"即通过积累和反复阅读来探索读书治学的方法，同时他还告诫对方读一本书一定要分多次阅读，每一次只抓住一个主题来攻读，这样才能真正把书读好。对于研究问题，苏东坡同样强调这种分类的方法，即每一次只针对一个主题进行研究。

❶正侧结合 强调了"八面受敌"学习方法的好处，突出了这种方法的优势。

①所谓"事半功倍"，良好的学习方法自然可以提高读书学习的效率。苏东坡的"八面受敌"之法，甚至被毛主席称赞过，并且运用到了国家管理上。

苏东坡一直有记笔记写随笔的习惯，不管在什么地方，只要他心中有所感触就一定会把所见所想记录下来，形成一篇篇短小精悍的散文随笔。在这些随笔中，我们可以更为清楚地见识到苏东坡勤于思考、敢于怀疑、富有主见等性格特点。正是这些性格特点，让他在黄州期间写下了许多散文评语、诗词杂感，以及关于书画、音乐等艺术形式的随笔，这些文章被后人整理成册，形成了分量十足、见解独特的文艺批评集——《东坡题跋》。

❷引用修辞 表达了苏东坡对杜甫的赞美和敬佩之情。

❸画龙点睛 《东坡题跋》使苏轼在文坛中的地位再一次得到巩固和提升。

苏东坡在诗歌创作方面高度认可杜甫的现实主义创作风格，并且感叹道：②"天下几人学杜甫，谁得其皮与其骨？"他号召诗人们以杜甫为师，在现实主义的诗风基础上，兼收并蓄多种诗歌流派的创作风格；在对历史上著名的诗人诗风评价方面，苏东坡能够高度概括诗人们不同的创作特点，比如"郊寒岛瘦""元轻白俗"，还有王维"诗中有画，画中有诗"，等等。此外，苏东坡针对诗歌意境的营造问题，提出了"即俗为雅"的观点。③总之，《东坡题跋》让苏东坡成了继欧阳修之后，宋代又一位杰出的文艺理论批评家，进一步巩固了他在文坛中的重要地位。

需要补充的是，苏东坡在黄州期间不仅完成了父亲遗留的《易传》九卷，还研究了《论语》，并且写下了《论语说》五卷。

赤壁怀古

① 苏东坡初到黄州时，可谓身心疲惫。作为才华横溢的士大夫、知识分子，苏东坡一直热衷功名，并且保持着积极进取的心态，却被“乌台诗案”弄得伤痕累累，内心不仅对那些新进小人充满了愤恨，同时也对自己的命运和前途感到迷茫，甚至产生了“百事灰心无复世乐”的悲观情绪，以至于在苦闷、痛苦和矛盾中度过了黄州谪居时前几年时光。

❶心理描写 剖析了苏东坡的心理变化，突出了他内心的苦闷和痛苦。

在这期间，苏东坡一方面重视佛法研究；另一方面，则以宣扬达生达观，讽刺功名与富贵的老庄哲学为精神支柱。

因此，面对生活的困窘，苏东坡有了“水到渠成”的心态。在静心躬耕之余，他便寄情山水，放浪形骸，常常与友人们泛舟湖上、漫步古道，在感受山川、草木、虫鱼等自然之乐的基础上，逐渐形成了浪漫豁达的个性特征，并且写下了《定风波》《西江月》《浣溪沙》《临江仙》等诗歌，既展现大自然的美好，又表现自己不向困难低头的勇气和对自由人生的渴望。

读书笔记

1082 年秋，苏东坡与杨世昌等人泛舟来到黄州赤壁。夜色下的江面美得令人沉醉。苏东坡饮酒后便欣然唱道：

“桂棹兮兰桨，击空明兮溯流光。

渺渺兮予怀，望美人兮天一方。”

杨世昌立刻吹箫和声。苏东坡听到如泣如诉的箫声，不自觉地想到了八百多年前的赤壁之战，以及参与鏖战的周瑜、曹操、孙权、诸葛亮等英雄豪杰，感叹他们在各自立场上为国家和人民所做出的贡献。

从黄州赤壁归来不久，苏东坡便写下了一首充满激昂情绪的新词——《念奴娇·赤壁怀古》：

①“大江东去，浪淘尽，千古风流人物。故垒西边，人道是，三国周郎赤壁。乱石穿空，惊涛拍岸，卷起千堆雪。江山如画，一时多少豪杰！　遥想公瑾当年，小乔初嫁了，雄姿英发。羽扇纶巾，谈笑间，樯橹灰飞烟灭。故国神游，多情应笑我，早生华发。人生如梦，一尊还酹江月。”

❶**引用修辞**……引用了整首词，再现了赤壁之战的激烈场面，表达了苏东坡对英雄的敬佩之情。

苏东坡用艺术的方式重演了赤壁之战的激烈与雄壮场面，巧妙地将战争、祖国、山川、爱情、事业等交织在一起，表达了自己对祖国的热爱，对英雄的崇拜和对美好未来的憧憬。与此同时，词重点歌颂了周瑜以少胜多的英雄气概。可见，苏东坡是以周瑜自喻，表明自己不会真正被困难击退，即使“寡不敌众”，也依旧会坚持“致君尧舜上”“书剑报国”等政治理想。

②此外，苏东坡还用了浪漫主义的手法来表现战争故事的壮丽，使苏诗的浪漫主义手法在词的创作中得到了扩展与深化，在证明“苏词”艺术成熟的同时，进一步提高了豪放词派在中国词史中的地位，使中国词史有了一个新的里程碑。

❷**正面描写**……说明了苏词的提高和创新，及其在中国词史上的地位。

继《念奴娇·赤壁怀古》之后，苏东坡又创作了《前赤壁赋》和《后赤壁赋》两篇优秀的散文诗。他用艺术的方式来解答在长期的思想斗争之后，自己对人生的理解与看法。苏东坡围绕着人与自然万物的关系行文，既肯定人的价值，又指出在自然面前人是渺小的。

① 两文相比较，《前赤壁赋》在谋篇布局和艺术手法方面都比《后赤壁赋》略胜一筹。文章不仅摆脱了排律的束缚，笔调自由而活泼，而且将写景、抒情和议论三者融合在一起，营造了诗情画意的美感，使宋代散文诗有了一个新的突破。

❶作比较

将两篇文章进行了对比，突出了《前赤壁赋》在文学上的特点。

患难见真情

所谓“患难见真情”，是说虽然苏东坡谪居黄州，却感受到了人间的真情，这也是他能逐渐摆脱现实苦闷，变得日益乐观豁达的重要原因之一。

② 修房建屋时，左邻右舍主动来帮忙；土地拓荒、种植庄稼时，附近的农民会耐心地传授他农业经验。对于这些热心肠的好人，苏东坡的心中充满了感激。潘酒监、庞大夫、郭药师、农夫古某等都是苏东坡谪居黄州时身边的邻居或朋友。在众多友人中，有个人追随了苏东坡二十年，让他既崇拜又信任，此人便是马正卿。苏东坡曾感叹道：“可怜马生痴，至今夸我贤。”还有老乡巢谷，不远千里从眉山来到黄州，只为给苏东坡的孩子们当老师。此外，与苏东坡交好的还有一些僧人、道士，其中有个道长叫作乔仝，此人已经年逾百岁，但还是经常来拜访苏东坡。两人促膝长谈，共同参悟长生之秘。在僧人朋友中，还有个叫参寥的诗僧与苏东坡相交甚密，还曾在苏东坡的家中居住了一年之久。

❷正面描写

左邻右舍在苏东坡需要帮助的时候伸出了援手，表现了百姓们的淳朴。

在所有的朋友中，苏东坡最喜欢和陈慥打趣。陈慥就是那位曾经与苏东坡意见不合的陈太守的儿子。东坡在黄州期间，陈慥正好居住在离临皋亭不远的地方，因此与苏东坡的交往自然非常频繁。陈慥号季常，文学史上，谈及他时，必然会提到他怕老婆的这一性格特点，这就是所谓的“惧内”，甚至有个典故就叫作“季常之癖”。[①]苏东坡常常以此开玩笑，甚至写诗打趣说：“龙丘居士亦可怜，谈空说有夜不眠。忽闻河东狮子吼，拄杖落地心茫然。”这里的“河东狮子吼”就是指陈慥老婆的大嗓门。以至于到了今天，人们依旧用“狮子吼”来形容妇女骂人时的大嗓音。

❶引用修辞
说明了陈慥的性格特点——怕老婆，也突出了两个人之间的友谊深厚。

除了朋友们带来的温暖与安慰，亲人们的关怀也让苏东坡倍感欣慰。弟弟苏辙多次来黄州探望他，几个侄女婿也是雪堂的常客。当然最让苏东坡感动的还是妻子王闰之的理解与支持。不管生活多么落魄，闰之都不曾埋怨苏东坡一句，因此他才会说：“子还可责同元亮，妻却差贤胜敬通。若问我贫天所赋，不因迁谪始囊空。”

元亮是陶渊明的字。陶渊明也曾归隐，过上田园生活，而且也在南山拓荒过，因此在黄州期间，苏东坡常常将自己的人生际遇与陶渊明的命运进行比较，以此激励自己，使自己用陶渊明的心态去接受和热爱田园生活。[②]当然，与陶渊明相比较，苏东坡更为幸运。因为陶渊明不仅官场失意，家庭生活也不理想，他的孩子们才华平庸，他只能自我安慰道：“天意苟如此，且进杯中物。”意思是说儿子的优劣全在天意，自己只能认命罢了。更让陶渊明痛苦的是妻子和邻居们的讥讽，他曾在写给儿子的信中说道：“但恨邻靡二仲，室无莱妇，抱兹苦心，良独内愧。”

❷作比较
说明了陶渊明和苏东坡之间的差别，虽然他们都曾耕地拓荒，命运有些相似，但是苏东坡有亲朋好友的理解和帮助，他无疑是幸运的。

[1]而苏东坡呢？尽管儿子们的才华不像自己那样非凡，却十分孝顺，更难得的是妻子始终对他不离不弃，也不曾有丝毫的抱怨之情，所以苏东坡才将妻子与东汉文人敬通的妻子进行比较，并且指出自己比敬通更为幸运。

❶正面描写

描写了苏东坡的儿子和妻子，有这样的一家人，苏东坡怎么会感到不幸福呢？

与此同时，苏家在东坡任杭州通判期间所买下的歌姬王朝云也从十二岁的小姑娘变成了美丽大方的大姑娘。为了方便照顾苏东坡，闰之便让朝云做了苏东坡的妾——这在中国古代是十分正常的事。王朝云天资聪颖，本身就能歌善舞，还能识文断字，再加上这几年在苏家的熏陶，渐渐地积累了才气，所以写诗作赋已经不在话下了。更难得的是，她与苏东坡心意相通，但凡苏东坡所作之诗文，她都能理解文中用意。因此，对于苏东坡而言，朝云与其说是妾，不如说是身边的红颜知己。

南堂竣工的那年，朝云为东坡生下一子，取名为遁儿。遁儿出生的第三天，苏家人为其洗礼，苏东坡作诗道：[2]“人皆养子望聪明，我被聪明误一生。惟愿我儿愚且鲁，无灾无难到公卿。”

❷引用修辞

表明了苏东坡对儿子的期望：不盼望儿子能有多聪明，只要他平平安安、健健康康长大就好。

由此可见，在经历了政治跌宕，感受了人间真情，体会了躬耕生活的真谛之后，苏东坡已经对于人生有了新的认识，他还特意在雪堂的墙壁上写下了三十二字箴言，以此自警和启发世人。这三十二字是：“出舆入辇，蹶痿之机。洞房清宫，寒热之媒。皓齿蛾眉，伐性之斧。甘脆肥浓，腐肠之药。”

或许，只有失去过一些美好事物的人才能真正感知生活的可贵，真正从心底对自己所拥有的一切感到满足吧！

这一部分主要讲述了苏东坡谪居黄州时的生活。最初，他们连居住的地方都没有，后来在朋友的帮助下，有了五十亩地，可以保障全家人的物质生活需要。左邻右舍和亲朋好友的帮助，让苏东坡的心态逐渐变得平和，雪堂和南堂的建成让苏东坡有了属于自己的居所。在这期间，他还写出了很多流传千古的名诗佳句，文学造诣再次得到升华。

1. 苏东坡在黄州的时候，最初所住的地方是哪里？

2. 苏东坡所住的南堂，是在谁的帮助下修建的？

3. 谁帮苏东坡要了五十亩地？

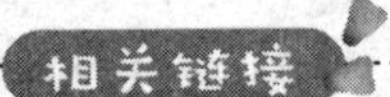

“东坡肉”最早在徐州创制，相传是北宋诗人苏东坡创造出来的。1077年秋天，黄河决口，徐州知州苏轼亲自率领全城的官吏和老百姓抗洪，终于战胜洪水。百姓感谢苏东坡为民造福，担酒携菜送到州府去，苏东坡推辞不掉，将这些肉加工后回赠给老百姓。东坡肉、金蟾戏珠、五关鸡和醉青虾被后人称为“东坡四珍”。

第十二章　辗转漂泊

名师导读

苏东坡在邻居和好朋友的帮助下，暂时过上了陶渊明式的田园生活，思想上也逐渐摆脱了因为官场失利带来的苦闷和惆怅。然而，这时候皇帝来了一道圣旨，让他去汝州生活，他会怎样选择呢？

艰难的抉择

在黄州谪居的后期，苏东坡已经逐渐摆脱了思想上的苦闷与惆怅，他辛勤生产，积极买田买地，为自己和家人建造了一个理想的居所，真正过上了陶渊明式的田园生活。

①对于这样的生活状态，苏东坡十分满意。然而，就在这个时候，神宗却给苏东坡出了一个难题，以至于他陷入了艰难的抉择中。

❶过渡段　既承接了上文中苏东坡现在悠闲的田园生活，又引起了下文神宗给他的旨意，在结构上起到了承上启下的作用。

公元1084年（元丰七年）春季的一天，苏东坡从定惠院后方的何家尝完“何甚酥”，同时带回了几株橘树苗，正准备将这些树苗种在自家雪堂的西面时，神宗的一道诏书来到了黄州。

原本，苏东坡以为自己早已经与政治集团毫无干系了，没想到，神宗竟然还能想起他，并且让他前往汝州谪居。

汝州是离京都不远的大城市，环境比黄州更为优越，可见，神宗有意照顾苏东坡，改善他的生存环境。然而，对于此时此刻的苏东坡而言，黄州似乎更加适合他。

❶对比手法 分析了黄州和汝州对于苏东坡来讲有什么不同的地方。

[①] 从生活方面来看，苏东坡经过几年的努力，已经有了一定的经济条件，足以让全家人在黄州过上安定的生活。去往汝州就等于放弃在黄州创造的一切，让生活再次从零开始。

从人际交往方面来看，黄州有了不少知心的朋友，自己既能与朋友们畅游山水、田园之间，又能与和尚、道士们一起参悟佛法或研究长生之道，让自己在精神上感到愉悦。

再者，与黄州人民之间深厚的感情，也是让苏东坡不舍离去的重要原因之一。在黄州的四年零两个月的时间里，苏东坡得到了黄州百姓的帮助，感受到了黄州百姓无限的关怀；与此同时，自己也竭尽力量去帮助黄州的穷苦百姓，想方设法解决百姓的温饱问题，还施药救治病人，甚至成立了救儿会，请富人捐钱，为穷苦人家的孕妇送去米面衣物，帮助其养育婴儿。在回报百姓们的同时，苏东坡也在这种相互关怀中感受到了精神上的快乐，因此很难割舍这份情谊。

❷对比手法 从政治家和文学家的角度分析了苏东坡的现状，无论从哪方面来说，黄州都更适合他居住。

当然，最根本的原因还在于苏东坡自身的性格。他既是一位政治家，又是一位文学家。[②] 作为政治家，他拥有宰相之才，却没有被重用，反而因政敌的迫害变得狼狈不堪，还差点儿丢了性命。这样的政治经历让他内心拒绝再次靠近统治阶级。相比较而言，作为文学家的他是在黄州写出了《念奴娇·赤壁怀古》这样具有里程碑意义的词作，同时在诗、散文、随笔、杂记、文艺评论、绘画、书法，以及哲学等各大领域中都创作出了优秀的作品，迎来了文艺创作的全面繁荣时期。因此要让他离开这片带给自己创作灵感的沃土，实在是太难了。

读书笔记

再者，在苏东坡看来，到汝州之后也是谪居，就等于“小儿迁延避学”，根本没有什么实际意义。

但是，他毕竟是一个士大夫阶层的知识分子，在青年时代就立下了“书剑报国”和“致君尧舜上”的志愿，所以尽管政途多舛，可一想到神宗竟然还能想起自己，并且主动关照自己这个“罪废”之臣，内心便不忍回绝神宗的好意。

① 于是，在经历了一系列复杂的思想斗争之后，苏东坡还是决定遵从旨意从黄州迁居汝州，所以他按照惯例，提起笔，给神宗皇帝写了一封谢表。

❶正面描写：在一番思想斗争之后，报效祖国的思想占据了上风，苏东坡决定离开黄州，迁居汝州。

不过令苏东坡万万没有想到的是，这封谢表到了朝廷后，又差点儿被他的政敌利用，给他扣上埋怨和批判朝廷的罪名。幸好神宗对苏东坡的为人已经非常了解了，才未听信小人之言。

友人送别

主意已定，苏家人就开始着手准备搬家的工作。

因为苏迈这时正要去饶州德兴县尉任职，所以苏东坡就决定带着苏迈先行出发，将苏迈送往湖口，自己再去高安探望弟弟苏辙，然后返回九江，等待家眷。

读书笔记

苏东坡要离开黄州的消息传开后，本地官员们为他设宴饯行，好友们为他作诗赠别，左邻右舍和百姓们纷纷赶来送行。

有十多个朋友一直把苏东坡送到了慈湖，才依依不舍地分别。而陈慥、道士乔仝和诗僧参寥则坚持将苏东坡送到了九江。

经过湖口时，苏东坡带着长子苏迈游览了石钟山，因此写下了他散文作品中最具代表性的《石钟山记》。

到了九江，参寥邀苏东坡一同游览了庐山美景。苏东坡在几天的游历中写下了三首描绘庐山的诗，其中包括我们耳熟能详的七言绝句《题西林壁》——

❶引用修辞

描写了庐山变化多姿的面貌，并借景说理，指出观察问题应客观全面，如果主观片面，就得不出正确的结论。

①“横看成岭侧成峰，远近高低各不同。
不识庐山真面目，只缘身在此山中。”

这首诗不仅生动地描绘了庐山的美景，而且富有一定的人生哲理，具有发人深省的效果，因此直至今日仍被广大读者喜爱。

与参寥分别后，苏东坡独自来到高安。苏辙带着三个儿子来到离家八里的地方迎接他。这是苏氏兄弟分别四年后的第一次见面，团聚的喜悦溢于言表。随后，东坡在苏辙办公的小破屋中住了十来天，与弟弟和侄子们一起过了端午节才离开。

五月中旬，东坡返回九江，与家人碰面。然后携家眷继续赶路，于七月抵达南京。

❷正面描写

十个月大的儿子突然夭折，苏东坡和朝云都悲伤不已。

②在南京的时候，发生了一件令人悲伤的事。刚刚十个月大的遁儿突然患病夭折了。这对苏东坡和朝云而言，无疑是个致命的打击。东坡好不容易让自己的情绪稳定下来，但听到朝云的哭声，又难过不已，不禁作诗道：“我泪犹可拭，母哭不可闻。”

苏王会面

我们知道，王安石被二度罢相并且谪居于紫金山，而紫金山就位于南京城的东北面。如今苏东坡来到了南京，该不该去见见这位曾经叱咤风云的变法派领袖呢？

① 苏东坡与王安石二人的关系可谓复杂难解。一方面，二人都曾是欧阳修所领导的现实主义文学阵营的主力，都曾以战斗的姿态维护现实主义文风，是名副其实的“盟友”兼同门师兄弟；另一方面，王安石在倡导新法时，遭到了苏东坡的批判和抵抗，苏东坡也因此被贬，所以从这个角度来看，两人又是政见对峙的敌人。可是，在“乌台诗案”发生时，王安石曾主动给神宗上书，替苏东坡求情，从这个层面来看，王安石是救苏东坡于水深火热中的恩人。不仅如此，苏东坡在谪居黄州期间，也得到了王安石的关怀。

❶正面描写

从两个方面说明了苏东坡和王安石之间的关系。

最终，苏东坡决定摒弃前嫌，去见见这位师兄。于是，在几个友人的安排下，他鼓起勇气前往紫金山探望王安石。

② 王安石听说苏东坡来访，喜不自禁，出门相迎。两人在门外握手言欢，好不快乐。

❷动作描写

苏东坡在友人的安排下去见王安石，这个曾经的“对头”听说他来访，亲自出门相迎，两人握手言欢，冰释前嫌。

苏王会面不仅是两人冰释前嫌、握手言和的重要转折，而且象征着两位曾经的现实主义文学旗手再次相聚，对整个北宋文坛而言，都具有非凡的意义。

苏东坡在王安石家中居住了几日，两人一同游历山水，谈论古今文艺，交换政治见解，甚至共同研究佛法，参悟人生。

注释

紫金山：位于南京市玄武区，又称钟山，为江南四大名山之一，有“金陵毓秀”的美誉，是南京名胜古迹荟萃之地。

经过这段时间的相处，苏王二人对彼此都有了进一步了解。[①] 苏东坡原本埋怨王安石默许那些跟随他的新进小人们在朝中胡作非为，经过交谈才明白王安石“不在其位不谋其政”的无奈，同时也感叹王安石的文采，称其为“野狐精”。而王安石对苏东坡更是大加赞赏，甚至以“不知更几百年，方有如此人物”的话来评价苏东坡，尤其是他在品读了苏东坡所作的《同王胜之游蒋山》一诗后，被其中的“峰多巧障日，江远欲浮天”深深折服，不禁心叹道：“老夫平生作诗，无此一句。”

❶比喻修辞……
用“野狐精”形容王安石，突出了王安石的文采出众、思维敏捷、头脑灵活。

两人分别后，彼此思念，相互关怀。苏东坡连续给王安石写了两封信，还向王安石推荐了自己的门生秦少游。王安石则在回信中劝苏东坡要多保重身体，并赠以治头痛的偏方。

请居常州

离开南京，苏家人来到了常州太湖地区。苏东坡见太湖地区的土地肥沃，民风淳朴，便动了买房子定居的心思。因为不管皇帝会把他调去何处，总有一天会让他安定在某个地方过上退隐生活，所以自己是时候为全家人找一个永久的栖身之所了。[②] 很快，苏东坡便在滕元发等友人的帮助下，在太湖边的宜兴城外的深山中买了一块不小的土地，这块地每年可以产八百石粮食。

❷数字说明……
从“八百石”这个数字可以看出，这块土地足以维持他们的生活，可以让一家人的生计有着落了。

苏东坡终于有了一块属于自己的田地，一家人的生计也算有了着落。因此他便向神宗请旨，让其恩准自己定居常州。

不久，苏东坡就托人以八百缗钱的价格卖了京都的老宅，又在宜兴买了一块地，然后在邵民瞻的协助下，花了五百缗钱买了一个老宅院。至此，苏东坡已经花光了所有的积蓄。可是，正当他为自己置办的一切感到满足的时候，却发现这个老宅院是一个可怜老人的。老人的儿子欠了债，瞒着老人把房子给卖了，现在老人失去了栖身之所，境况更加悲惨了。①“良心”再次刺激苏东坡，他毅然决然地撕毁买房契约，将宅院还给了老人。

❶动作描写

一个“撕”字表达出苏东坡看到老人可怜而做出决定时的坚决态度，表达出他对劳苦大众的同情。

如此一来，苏东坡在常州除了两块土地之外，并没有栖身之所，而给皇上的书信也一直没有得到答复。于是，他只好带着家眷离开暂居的仪真学校，继续朝汝州赶路。

为了避免往返折腾的路程太远，苏东坡带着家人走走停停，等着皇帝的回复。一直到1084年（元丰七年）的十二月，苏东坡一家才到达泗州。而此时，皇帝依旧没有回复他的申请。可是苏东坡已经决心定居常州了，毕竟在常州他还有两块地，到了其他地方，什么也没有，所以定居常州是他此时最好的选择。于是，他又给皇帝写了一封信，再次申请定居常州。在信中，他说：②“但以禄廪久空，衣食不继……自离黄州，风涛惊恐，举家重病，一子丧亡。今虽已至泗州……二十余口，不知所归，饥寒之忧，近在朝夕……臣有薄田在常州宜兴县，粗给粥。欲望圣慈，许于常州居住……”这些言辞，句句发自肺腑，详述了全家人在辗转漂泊之中的苦难和困境，同时说明了想住在常州的原因。

❷引用修辞

不仅表达出他现在的困窘，而且表明了自己想在常州定居的决心。

三月六日，苏东坡终于等到了圣旨，朝廷准许了他定居常州的请求。于是，苏东坡立刻带着全家人返程，前往宜兴。五月下旬，东坡一家终于回到了宜兴，住进了太湖那块地旁边的小农庄里。如愿以偿的苏东坡高兴地写道：“十年归梦寄西风，此去真为田舍翁。”

在苏东坡看来，自己终于可以结束漂泊的日子，在这美丽的江南之地安度晚年，享受耕地、泛舟的悠然之趣了。

精华赏析

在黄州，苏东坡摆脱了思想上的苦闷，真正地变得豁达、闲适，过上了美满的幸福生活。然而，宋神宗本着让他可以过得好一点的意愿，让他谪居汝州。苏东坡再三考虑之后，终于决定到常州定居，在他的再三恳请之下，宋神宗也遵从了他的意愿。这一部分还写到了王安石与苏东坡两人冰释前嫌，两个文学上的伟人终于惺惺相惜，握手言和了。

延伸思考

1. 苏东坡在黄州生活得挺好，这时候来了一道圣旨，让他去什么地方生活？

2. 苏东坡最后选择在哪里定居？

3. 苏东坡在谁的帮助下买了一块地？

相关链接

苏东坡在黄州居住的时候，还和一些僧人谈经论道，现在我们来说说著名的佛经有哪些。较为人们所熟知的佛经有《般若波罗蜜多心经》《金刚经》《阿弥陀经》《楞严经》《法华经》《药师经》，等等。

第十三章　重回朝廷

名师导读

苏东坡决定在常州定居，而且宋神宗也同意了他的请求。但是，宋神宗去世了，儿子赵煦继位，称宋哲宗。他的母亲下旨召苏东坡回朝任职，苏东坡答应了。

从知州到翰林学士

苏东坡原以为自己可以悠闲地度过晚年岁月了，却没有想到，自己在“新居”刚刚住了几天就接到了朝廷下达的再度任命诏。原来，就在苏东坡收到朝廷恩准自己在常州居住的前一天，神宗皇帝因病驾崩。

①继位的是神宗的儿子赵煦，是为哲宗。因为哲宗才十岁，所以真正把控朝政的人是神宗的母亲宣仁太后高氏，这时已被尊为太皇太后。

❶背景介绍　介绍了苏东坡被重新任命的社会背景，朝廷的稳定需要有才之人。

“乌台诗案”时期，神宗的祖母曾给苏东坡说情，如今神宗的母亲又下旨召回谪居的苏东坡。纵然苏东坡不舍田园生活，更不想再卷入政治旋涡，但对于皇家的恩情，他不能视而不见，于是，他克服内心的无奈、烦闷，接受了朝廷的任命，前往登州上任。

读书笔记

不过，他却在给友人们的书信中称自己是“入蓬蒿藜藿之径”。

六月，苏东坡一家到了山东青岛附近，并在此乘船，绕过山东半岛，历经三个多月才抵达登州。没想到，上任才五天的他竟然又收到了朝廷的诏令，命他前往京都，担任礼部郎官一职。与此同时，歙溪的苏辙也被任命为右司谏，且要求其即刻回京。

苏东坡一家人不得不再次忙碌起来。

1085 年（元丰八年）年底，苏东坡携家眷到达了京城。

①在接下来的八个月内，苏东坡官职连跳三次：从七品礼部郎官上升到了四品中书舍人，最后升到三品翰林学士。

❶正面描写　突出了皇家对他的重视。

翰林学士主要负责给皇帝拟写诏书。依照惯例，这一职务由当时最富才气的学者担当，所以苏东坡担任这个职务，可谓实至名归。

②对于草拟圣旨的差事，苏东坡自己也非常满意，因为他在任中书舍人时曾替皇帝草拟过三道圣旨：第一道圣旨是褫夺李定的官位，命其回家补守母丧的；第二道圣旨是罢免吕惠卿，令其谪居的；第三道圣旨是为去世的王安石追赠荣衔的。

❷心理描写　苏东坡担任过的这么多官职当中，他最满意翰林学士这个职位，英雄有了用武之地。

这三道圣旨的内容并不是苏东坡决定的，但是结构措辞就随他了。针对李定和吕惠卿，苏东坡毫不客气地讽刺和指责。但是在写王安石的那道圣旨时，情况比较复杂：王安石在文学方面是当之无愧的大家，但是他掀起的变法又加剧了国家的动荡，社会各阶层中都有人对王安石不满，甚至痛恨，且当时的掌权者并不认可王安石，而自己内心对王安石已经有了惺惺相惜的好感，不忍对其进行苛刻的批判与贬损。经过反复思量和斟酌，苏东坡决定采取寓贬于褒的手法来写这道圣旨。[①]他只在文中赞美王安石巧妙的心思和杰出的文学成就，说：“(王安石）网罗六艺之遗文，断以己意，糠粃百家之陈述，作新欺人。”以至于世人读了此文，竟不明白苏东坡到底是极度赞扬王安石，还是反讽其所作所为。

❶引用修辞

写出了苏东坡对王安石的维护。

这三道圣旨所涉及的人都与苏东坡有一定的关联，他在草拟这三道圣旨的过程中，感受到了写圣旨的趣味。

成为翰林学士后，苏东坡便有了更多的机会与幼帝和太皇太后接触，从而获得了宣仁太后更多的信任与好感，而这也是他能够在晚年的政治岁月里保全性命的重要原因之一。

[②]苏东坡任翰林学士期间共草拟了近八百道圣旨，后都收录在其全集里。这些圣旨不仅引经据典、文采斐然，而且体现了苏文简明扼要、铿锵有力的特点。

❷正面描写

说明了他草拟圣旨的数量很多。

苏司对峙

神宗在世的时候，宣仁太后就一直反对变法，坚决维护大贵族大地主的利益，是王室中保守派的代表，曾多次指责王安石祸国殃民，要求神宗停止变法。神宗去世后，宣仁太后立刻启用反对变法人士。

就在苏东坡回京这年，因反对新法而辞官赋闲十五年的司马光出任陈州知州。此时的司马光已经是六十七岁的老翁了，但他依旧不遗余力地向宣仁太后进言，并提出了一系列废除新法的主张。很快，宣仁太后就召回了刘挚、吕公著、范纯仁、李常等保守派大臣。

读书笔记

以司马光为首的保守派在宣仁太后的支持下，积极采取各项措施来罢黜新法条例，决心将政策恢复到神宗变法之前。不到半年的时间，王安石所推行的保甲法、方田法、市易法和保马法等就被废除殆尽。司马光为了表明自己恢复传统政策的决心，将未被废除的免役法、青苗法、将官法与强邻西夏并称为"四害"，甚至在病榻上说：①"四害不除，吾死不瞑目！"

❶语言描写

由此看出，司马光是保守派最坚决的代表。

在保守派全力以赴废除新法的过程中，苏东坡站在了司马光的对立面。

我们知道，在新法实施之初，苏东坡是反对新法的，并因此得罪了王安石，更惹下了"乌台诗案"的大麻烦。但是，新法在十年的实施过程中，的确对国家经济和军事都起到了积极的改善作用，部分法规对农业生产也有一定的促进作用。苏东坡在务农期间，亲眼见证了规范实施一些新法条例的情况下贫农所获得的益处，以及整个农村情况的改善。②因此，他多次奉劝司马光要客观冷静地对待新法，保留其有利于国家和人民的部分。但这些建议根本动摇不了司马光全盘废除新法的决心，正如当年王安石不听苏东坡劝告继续全面推行新法一样。

❷对比手法

苏东坡对新法客观冷静的态度和司马光全盘否认的态度形成了鲜明的对比，突出了司马光的固执。

公元1086年（元祐元年），宣仁太后提升司马光为丞相。此时，司马光的身体情况十分不理想，所以他不得不加快废除新法的步伐。时任中书舍人的苏东坡又极力奉劝司马光，让其慎重思考新法被全部废除后会产生的后果。在所有新法条例中，苏东坡最为维护的是免役法。为了保住免役法，他曾公然与司马光发生争执。当时，司马光正要废除免役法，恢复传统的差役法。可苏东坡认为差役法只能为贵族和地主阶级带来利益，对农民毫无益处，而免役法从根本上来说属于利民之策，只要规范官员在执法过程中的行为，不让其过多地索取“宽剩”钱，做到量入为出即可。

然而，司马光哪里肯听苏东坡的意见。两人争执不下，苏东坡便将差役法的诸多害处一一道来，这让司马光十分恼怒，两人的关系进一步恶化。

①苏东坡因气恼司马光的固执，回到家后，竟然连口骂道：“司马牛！司马牛！”

❶语言描写 说明苏东坡对司马光的固执非常气愤。

当然，新法被废除殆尽，生气的人不仅仅是苏东坡。

这年四月，谪居紫金山的王安石听说朝廷要废除免役法，恢复差役法，知道自己所有的政治努力都将白费后，悲从中来，于是加重了病情，以至于猝然离世了。

王安石去世五个月后，司马光也病逝了。②不过，在司马光去世前，他已经废除了所有的新法条例，彻底完成了自己的政治夙愿。

❷正面描写 司马光废除了所有的新法条例，哪怕是这个条例曾经对增强国力产生过好处。

司马光去世之前，苏东坡已经晋升为了翰林学士，很多人都认为他会是下一任宰相。可是，司马光却说苏东坡的官职已经到了极限，并且在去世时还留下了八纸遗表，在遗表中奉劝赵王室以王安石为戒，切莫再让只会写好文章的人执政。这也许是因为司马光看到了苏东坡身上的改革维新的政治色彩，惧惮苏东坡会推翻自己努力恢复的旧制。

事实上，苏东坡从过去的保守派追随者到今天公然反对保

❶正面描写……

苏东坡看到了新法带给国家和百姓的好处，所以他希望能够改革。但是，他又否定政策上的大变革，说明他是一个小心谨慎的人。

守派的态度转变，的确体现了他身上的改革维新色彩。[①]不过这种改革是温和的，即苏东坡一方面希望国家政策能够推陈出新，以改善困窘的局面；另一方面又否定政策上的大变革。这就是他曾经不同意王安石全面变法，如今又不同意司马光全盘否定新法的原因所在。

表面上看，苏东坡对于新法的态度是摇摆不定的，事实上却说明，不管统治阶级的内部形势如何，他都能做到客观冷静地面对社会现实，并且坚持独立意识，勇敢地表达自我主张与看法。这就是苏东坡的直爽与独特之处，尽管这种直爽与独特为他带来了不少麻烦。

司马光去世后，保守派排挤苏东坡的意图更加明朗了。已经年近五旬的苏东坡不愿再卷入政治纷争，更不想再被政敌陷害，于是他向皇帝和宣仁太后请辞，但未被允许。

政党分裂与派系斗争

❷叙述描写……

司马光去世之后，朝廷四分五裂，这样一盘散沙，国家怎么可能强大？

[②]司马光去世后，北宋统治集团便分裂成了洛党、蜀党和朔党等派系。洛党以程颐、朱光庭、贾易等人为首；朔党的主要成员有刘挚、王岩叟、梁焘和刘安世等；而蜀党则以苏东坡、吕陶为核心。

政党分裂带来的必然是此起彼伏的派系斗争，其中又属洛党与蜀党之间的较量最为频繁。诚然，政见的不同是最根本的矛盾所在，但两党仇恨的导火索是苏东坡与程颐在司马光葬礼上的“针锋相对”。

据记载，司马光去世这天恰是神宗灵位入太庙的斋戒日。

按制度，文武百官必须连续三日去太庙参加斋戒典礼。因此，司马光的灵柩虽然停放在灵堂，却没有官员前来吊丧，场景好不凄凉。

负责主持司马光葬礼的人是程颐。此人向来刻板、自负，见司马光的儿子在灵柩旁准备接待客人，便让其退到一旁，还说真正的孝子应该在父母去世后哀痛欲绝，哪里还有心情接待客人呢？

苏东坡等人在斋戒典礼结束后要前往司马光的府邸，吊唁这位去世的宰相大人，可是到了大门口的时候，却遭到了程颐的阻拦。

①程颐的理由是《论语》里曾说过“子于是日哭，则不歌”，意即文武百官既然已经参加了太庙的歌舞仪式，就不应该再来吊唁死者。苏东坡听后，不以为然地说道：“孔夫子可没说‘于是日歌，则不哭’。”

程颐无言以对，只得让大家进入灵堂。到了灵堂，众人见无人接待，一追问才知前因后果。苏东坡不禁讥讽程颐道：“伊川可谓糟糠鄙俚叔孙通。”伊川是程颐的故乡，这里指程颐；叔孙通是西汉时期的大儒，制定了十分完善的朝堂礼仪，苏东坡这句话是说程颐是从泥沼里跳出来的叔孙通，即讽刺他不懂装懂，做人太过呆板。②众人听后哄堂大笑，程颐尴尬得脸红脖子粗，从此便和苏东坡结下了仇恨。

苏东坡在得罪程颐的同时，也得罪了洛党派人士。洛党的另一个核心人物贾易为了给程颐报仇，将矛头指向了苏东坡的一些好友，他故意上书诋毁文彦博、范纯仁，甚至弹劾吕陶。宣仁太后看过奏折，十分生气，将贾易贬为怀州知州。可是贾

❶引用修辞

程颐拒绝让苏东坡等人前来吊唁司马光，理由是他们刚刚参加完斋戒典礼，突出了这个人固执、迂腐的性格特点。

❷神态描写

苏东坡讽刺程颐太过呆板，在程颐的心里种下了仇恨的种子。

易还不肯收手，再次上书诬陷苏辙泄露了国家机密。真相大白后，贾易又被贬去了广德。

其实，一开始，苏东坡与程颐之间的矛盾都是私人问题。[①]苏东坡对程颐的讽刺，主要是因为他自己看不惯理学家顽固、自傲的做派，对于这点，苏东坡也曾承认过自己的偏激。可是事情发展到了后来，就成了“洛党”与“蜀党”两个派系的斗争，洛党人士污蔑苏东坡是“谤讪”；蜀党成员则说程颐是“矫激”。洛党为了扳倒苏氏兄弟，可谓无所不用其极，他们千方百计地寻找苏东坡“藐视”朝廷、“诽谤”王室的“罪证”，甚至想再来一次“乌台诗案”，置苏东坡及其党人于死地。

❶正面描写　可以看出苏东坡能够正确地看待问题。

其他的政治派系，为了维护自身的阶级利益，也一心想将苏氏兄弟踢下政治舞台，就充分利用“洛党蜀党”之争，推波助澜，给苏氏兄弟及其身边的人制造麻烦。在这样的情况下，苏东坡在朝廷的困窘局面可想而知。

读书笔记

苏氏文学集团

[②]随着王安石、司马光的去世，文坛上再也没有人的才能可以与苏东坡相匹敌了，再加上官位的提升，苏东坡的名气可谓如日中天。与他交好的友人或敬佩他的文人墨客们都纷纷聚集到了他的身边。

❷正面描写　强调了苏东坡在文坛上的地位之高，名气之大。

吕公著、范纯仁担任了朝廷要职，苏辙晋升为尚书右丞。此外，王巩、王诜、范祖禹、孙觉等也回到了朝中，担任了不同的官职。能与昔日的朋友们再次同朝为官，彼此互助，这对苏东坡而言，真是莫大的安慰。

与此同时，黄庭坚、秦少游、晁补之和张耒这四个文坛新秀也在苏东坡的培养和引导下逐渐变成了苏氏文学集团的核心人物，并因此被称为“苏门四学士”。① 这四个人都十分擅长诗词创作，但又各具特色。其中，诗歌创作方面，以黄庭坚最为出色，世人将其与苏东坡并称为“苏黄”；词的创作以秦少游最为出色，其词清新婉约，情感真挚，使其成了婉约派词人中最为杰出的代表之一；晁补之和张耒的作品虽不及黄、秦二人卓越，但也是当时文坛中屈指可数的天才作家。

❶详细描写

详细描写了“苏门四学士”各自的文学特点，突出了苏氏文学集团人才济济。

除了“苏门四学士”外，苏东坡又收了李廌、陈师道两个弟子，世人将此二人与“苏门四学士”并称为“苏门六君子”。

读书笔记

此外，苏氏文学集团的活动分子还包括王谠、王巩、颜复、廖明略、毕仲游等文人，以及米芾、王诜、李公麟等书画艺术家。

就当时的文坛而言，苏氏文学集团可谓范围最广、成员最多的文学团体。苏东坡也成了继欧阳修之后，文坛最为出色的领袖。

② 此时的苏东坡虽然在诗、词的创作方面没有更大的突破，却在书法、绘画和文艺评论方面取得了斐然的成就。比如，他与米芾共同开启了中国印象派文人画，并与米芾、李公麟并称为“宋代绘画三大家”。

❷举例子

突出了苏东坡在书法、绘画和文艺评论方面的突出成就，说明他是一个多方面发展的文人。

当然，苏氏文学集团的其他文人画家们也在诗、词、绘画、书法等方面做出了贡献。大家在苏东坡的带领下，或畅游山水，或酒宴相会。每一次相聚，大家都彼此切磋，互相品鉴文艺作品，并且写下相关的文艺评论，由此诞生了一系列优秀的文艺评论作品，如王谠的《唐语林》。

❶概括描写…… 说明了苏氏文学集团在中国文艺发展史上的重要作用。

[1]因此，苏氏文学集团对宋朝，乃至整个中国文艺的发展都起到了不可忽视的推动作用，为中国文艺史留下了光辉的一页。

值得一提的是，苏氏文学集团的成员们不仅在文艺方向上跟随苏东坡，在政治观念上也追随于他。由于苏东坡被朝中其他派系挤对，这些文人画家们也因此被排挤，多数人始终未得到皇室的重视，也未能在朝中获得与其才能相匹配的职位，尤其是“苏门六君子”，虽然个个才华卓著，却只能在馆阁中从事校订或检讨官的工作。

读书笔记

面对这样的现实，苏东坡不得不感叹道：“后生多名士，欲荐空悲歌。”

这一部分主要讲述了苏东坡重新被朝廷重用之后的事情。其中，讲述了司马光对新法的坚决反对，王安石因为新法被废悲愤离世，司马光紧接着也去世了，所有新法全部被废，这让苏东坡感到有些悲哀。苏东坡被重用，很多有才华之人都围绕在他的身边，形成了苏氏文学集团，只可惜很多人因为派系斗争没有被重用。

1. 苏东坡是被谁召回朝廷的?

2. 王安石为什么突然离世?

3. “苏门四学士”都有谁呢?

相关链接

“苏门四学士”中有个人叫秦少游，我们来认识一下这个人吧。秦观，字少游，江苏高邮人，是北宋时期著名的文学家、词人，曾任太学博士（即国立大学的教官）、秘书省正字、国史院编修官。主要代表作品有《鹊桥仙》《淮海集》《淮海居士长短句》。

第十四章　杭州太守

名师导读

苏东坡连升三级，最后还做了翰林学士，他的门生众多，全是一些多才多艺之人。在司马光去世之后，苏东坡成了名气最大的人，引起了一些政治集团的不满和嫉妒。这个时候，苏东坡该何去何从呢？

激流勇进

❶正面描写

对苏东坡的性格进行了正面介绍，他这样耿直的性格让一些人恨之入骨。

苏东坡虽无意权势，但随着司马光的去世，身为翰林学士的他自然就成了朝中名气最大的人。这原本就让大地主大贵族政治集团颇为不满，甚至招人嫉妒。[①]苏东坡这个人偏偏又“不识时务”，总是直言不讳地表达自己独特的政见，与其他政党针锋相对，有时还不免讽刺或批判一些自己所不认可的人或事，这就进一步激化了他与其他各大党之间的矛盾。为了排挤苏东坡，让其从高位上跌下来，阴谋家们不惜诽谤、弹劾苏东坡。从1086年年底到第二年年初，短短的一个月之内，中书省就收到五六封弹劾苏东坡的奏折，宣仁太后不但将这些弹劾的奏折束之高阁，还严禁百官再上书弹劾苏东坡。然而，即使这样，依然有人冒死上表，坚决弹劾苏东坡。

[1] 原本苏东坡根本不在乎这些弹劾表，因为他自己本来就想退居，且已多次向太后请旨去地方任职，只是太后爱惜人才，没有恩准，他才继续留在朝廷的。可是，随着大贵族大地主保守派统治集团专制统治的进一步加深，宋朝政治也变得日益黑暗，颠倒是非、赏罚不明、欺上瞒下，甚至残害百姓的现象屡见不鲜。苏东坡再也不退让了，面对冲向自己的激流，他决定奋力一搏。

❶解释说明

苏东坡对别人的弹劾并没有在意，他早已萌生了退意，想要从朝廷的争斗中退出来。

苏东坡不仅向皇帝和宣仁太后提出了广开言路、废除免试法、严惩官官相护行为等一系列改革政治的意见，而且毫无畏惧地揭露那些藏在“忠君爱国”旗号之后的欺上瞒下、祸国殃民的恶行。

[2] 西夏贵族屠杀泾原民众一万人，当地将领为逃避责罚而隐瞒事实，谎称只有十几个民众受伤。广东守将童政为遮掩自己剿匪失败的情况，屠杀了几千名无辜百姓，并以此邀功，说自己剿匪成功，因而得到了朝廷的嘉奖，甚至得了个“平贼的英雄”的称号。有军官如法炮制，在白天便带兵闯入民宅，屠杀手无寸铁的百姓，甚至连妇孺都不放过，然后便以这些无辜百姓的人头冒充盗匪人头，以此“建功”。

❷正面描写

描写一些官员为了升官发财，逃避罪责，隐瞒事实真相，甚至杀害老百姓，突出了这些官员的凶残。

这些令人发指的恶行让苏东坡怒不可遏，他根本顾不得这些将领军官到底属于哪个派系，统统上书，揭露其罪行，并请求皇上和宣仁太后重处这些人，以遏制恶浊的政治风气。

对朝中官员不合理的政见，苏东坡更是针锋相对，绝不退让。黄河都水使打算恢复黄河旧道，苏东坡认为此举除了劳民伤财外，对解决黄河水道淤塞的问题起不到丝毫的作用，反而会加重问题，因此坚决反对。

读书笔记

此外，在得知了李定、吕惠卿、蔡确等已被罢黜了的变法派余党刻意试探朝廷态度的行为后，苏东坡厉声责骂，说这些人是“蝇蛆”“虮虱”“佞奸小人”“国之巨蠹”等。因为这些小人竟然让一个叫周穜的普通教书先生上折，请求赵王室把王安石的灵牌放进太庙，以便世人祭祀。如果朝廷同意，就表示变法派可以卷土重来，不同意则说明他们可以另找出路。显然，苏东坡的责骂让这些人的如意算盘落空了。

①总之，苏东坡以一个“战士”的形象站在朝中，对黑暗的现实进行抨击，跟所有不良分子对立起来，成了许多人的“眼中钉，肉中刺”。

❶总结全文

用了总述的话，概括了苏东坡在朝廷中的地位，并用“战士”来形容他，表达出他与不良势力斗争的决心。

出任杭州太守

前文说过，痛恨苏东坡的人不仅想方设法寻找诬陷苏东坡的“证据”，而且对秦观、黄庭坚、孙觉、王巩等苏东坡身边的人也统统加以诬蔑和抨击。

②虽然苏东坡位高权重，又有赵王室的信任与支持，阴谋家们根本无法撼动他的地位，可是他身边的这些人既没有让人忌惮的权位，又没有王室的庇护，自然很难抵挡这些攻击。

❷对比手法

苏东坡在赵王室的支持和保护下，没有受到那些阴谋家的陷害。但是，他周围的人却被那些阴谋家攻击，说明那些阴谋家为了达到目的不择手段。

在这样的情况下，苏东坡不得不再次请旨，退居外地。公元1089年（元祐四年）三月，在苏东坡再三恳求下，宣仁太后终于同意让他去外地就职，命其以龙图阁学士的身份出任杭州太守一职，同时领浙西之军，然后赐给他白银、茶叶、良马、金鞍、金腰带等贵重物品。

七月，五十二岁的苏东坡抵达杭州后便立刻上任。与此同时，他的弟弟苏辙在朝廷晋升为吏部尚书，被赐翰林学士。

[①] 这是苏东坡第二次到杭州就职。他来到阔别了十六年的故地，备感亲切。为了早点改善杭州地区的情况，给百姓创造更好的生活环境，他立刻投入到了工作之中。

❶正面描写

“立刻”这个词表达出苏东坡一心为老百姓谋福利的心意。

葛岭下的寿星院中的雨奇堂、寒碧轩，杭州城外的冷泉亭，都是苏东坡办公的地方。坐看如诗如画的风景，谈笑风生之间，就将一天的公事处理完毕。这样的情怀与能力，除了苏东坡，还有谁？

[②] 说来有趣，苏东坡在朝廷时，虽然官位极高，却施展不开拳脚，才干发挥极其有限，但到了杭州，他却在一两年的时间里修缮了几十处房舍，完善了杭州城的清洁供水系统，建了一所医院，疏通了河道，整治了西湖，同时想方设法解决杭州的饥荒问题，等等。

❷对比手法

苏东坡在朝廷时虽然位高，但是比不上他在杭州能够施展拳脚，说明他是一个务实派，一心想为百姓做事。

修缮屋舍与建立医院

苏东坡第二次到杭州城，发现城内破败的建筑物随处可见：陈旧的官舍、漏雨的营房、破烂的军火库，就连城门楼也是四面见光，还有一些百年前的老房屋。

过去，在杭州执政的官员都对这些破败建筑物视而不见，不少官员宁可舍弃官署，另觅住处，也不会主动修缮官舍。苏东坡上任后，曾亲眼看到一户人家四口人全部被倒塌的房屋夺走性命，于是他向朝廷申请了四万贯建筑款，对这些破房烂屋进行了修缮。

❶叙述描写

叙述了"安乐坊"成立的经过，表达出苏东坡忧国忧民的思想。

[1] 与此同时，针对杭州作为海陆客旅聚集地，疫病流行普遍，但老百姓却找不到公办医院医治疾病的情况，苏东坡又从建筑款中拨出一部分，在杭州城中心众安桥附近修建了一所公立医院，并为医院取名为"安乐坊"，每年都有几百个病人在安乐坊得到救治。这就是我国第一所公立医院。后来，"安乐坊"改名"安济坊"，地址也由众安桥搬到了西湖边。

改善用水系统

自古以来，饮水都是关乎百姓生存的大问题，苏东坡到杭州后便着手解决杭州居民用水的问题。当时，杭州居民主要的用水来源是城内横跨南北的两条运河。这两条运河在钱塘湾汇合，带入大量的淤泥流进钱塘湾。为了防止运河被淤泥填满，杭州每隔四五年就必须疏通一次运河河床。[2] 这样的疏通工作不仅费时费力，而且花费极高。在疏通的过程中，淤泥堆积在一些河段，以至于运船很难通行，给城中百姓带来了很大的麻烦。

❷正面描写

叙述了河床疏通工作的艰难，以及给老百姓带来的麻烦，这是运河整治工作的一个难点。

为了改善这一问题，苏东坡请教专家，认真规划，决定从源头抓起。运河中的淤泥主要来源于灌入河中的海水。吴越时期，这里就已经修建了沿海长墙，以此避免海潮进入运河，污染淡水资源。可是这道长墙因为年久失修，所起作用越来越小，以致运河中的泥沙、海盐越来越多。

针对这种情况，苏东坡发现盐桥河流经市中心，茅山河则流经人口较少的郊区。于是，他设法将海水引入茅山河，尽可能保持盐桥河的清洁，并在钱塘江南部修建水闸，根据海潮情况，决定是否开闸放水。此外，他还在城北开凿一条新的运河，使之同西湖连接。在苏东坡的改善下，杭州人民终于不再为四五年便需疏通河道的情况烦恼了，同时，也获得了更为清洁的生活用水。

①为了进一步解决居民的生活饮水问题，苏东坡在完善河道改良的工程之后，又对城中各个水库的干线管道进行了改造。这些干线管道主要负责将西湖的淡水引到各个水库中，而水库之间也由管道相连。苏东坡任杭州通判时，就曾着手修理过这些淡水管道，但管道都是用大竹管做的，非常不耐用，如今更是破坏殆尽，以致城中老百姓只能花钱去购买西湖的淡水来使用，否则就只能凑合着喝盐水。②于是，苏东坡便用陶瓦管子代替竹管子，并在管子四周镶上石板，进一步保护管道。管道改造完毕，城中百姓，家家户户都能免费喝上西湖的淡水了。

❶过渡句

苏东坡解决了疏通河道的麻烦后，还对城中各个水库干线进行改造，这句话起到了引起下文的作用。

❷叙述描写

突出了苏东坡在杭州做出的不菲政绩。

治理西湖

完成了水库管道的改造工作后，苏东坡又开始整治杭州最大的淡水库——西湖。而治理西湖最大的问题就是清除杂草。当年，苏东坡初见西湖时，就发现西湖中有一种顽固性杂草，但当时的西湖并未受到这种杂草太大的影响。没想到，十几年后，当他再见西湖时，这种杂草竟然疯长起来，以至于西湖的湖底被抬高，湖水也变浅了。于是，他立刻向朝廷上书，说湖中杂草若不清除，那么二十年后，杭州人民将彻底失去淡水资源，同时申请了一笔款项，用来整治西湖。

得到朝廷的支持后，苏东坡便大展拳脚。他先带领军民一起清除湖底的淤泥、杂草；接着，带着百姓在西湖沿岸开垦田地种植菱角，以防止恶草重生；最后，又利用堆积如山的淤泥来建造岛屿和长堤。从此，空荡荡的西湖中央便有了一座仙岛——“三潭印月”，后来这座小岛便成了西湖十大著名景点之一。与此同时，西湖上，除了白居易所建的白堤之外，又多了一条“苏堤”。①前者东西走向，后者南北走向，两者静卧于湖上，将湖水分隔成多个部分，堤下有桥洞，船可自由穿行。两条堤上垂柳随风，堤下荷花环绕。可见，苏堤在缩短了人们通向南北湖岸距离的同时，也成了西湖上又一道亮丽的风景。人们既可在长堤上仰视蓝天白云，又可俯察水中荷花、莲下鱼儿和那些穿行的小船儿，享受赏景与休闲之乐。

❶环境描写 苏堤和白堤成了西湖上亮丽的风景线，不仅方便了人们的生活，而且给人们的生活带去了很多美感。

苏东坡是一位建筑师，更是一位设计师、画师。他用神奇的笔法为西湖增添了美景，使西湖在自然之美的基础上，又添了人工之美，让这个“人间天堂”无论是在晴天还是在雨天，无论是远观还是近看，都能让人感受到出奇的美。

抗饥荒斗争

1089年(元祐四年)的上半年，苏东坡管辖的浙江七州地区水旱两灾相继发生，以致秋收时出现了严重的缺粮现象。②缺粮导致米价猛涨，九月时，一斗米的价格竟然高达九十文钱，这相当于全国平均米价的五倍。

❷数字说明 浙江地区发生了水旱两灾，物价飞涨。

苏东坡见状，立刻向朝廷奏请向灾区调拨粮食，以缓解灾情，平抑物价。但是，一个多月过去了，朝廷却一直没有任何答复。

苏东坡只好将平仓里的存粮放出，又想方设法另外筹集了二十万石米，投放到市场，这才让米价有所下降。

①然而，到了第二年的夏季，暴雨又至，大量的庄稼被淹没，眼看秋收无望，米价将再次飞升，且势头比上次更猛，许多买不起米或买不到米的百姓不得不忍饥挨饿。更让人着急的是，伴随着饥饿而来的还有时疫。

❶**正面描写**

描写了第二年的灾害，与第一年相比，这一次势头更猛烈一些，老百姓生活在水深火热之中。

苏东坡又连续向朝廷上了两道折子，即“浙西灾伤第一状”和“浙西灾伤第二状”，详细陈述了浙江七州的灾情，再次申请拨款拨粮以救济灾民，同时还提醒执政者救灾当及时，否则很可能出现可怕的后果。

然而，当时除了苏东坡发出救灾呼声，其他受灾地区的地方管理者对自己辖区的灾情丝毫不关心，甚至刻意隐瞒，以至于当权者根本不相信苏东坡在奏折里说的话，还有人说苏东坡夸大其词，不必理睬。

②面对这样的情况，苏东坡又连续上了五个名叫“相度准备赈济状”的表章，向朝廷发出紧急呼吁。朝中官员这才将救灾一事提上议程，并向灾区拨款拨粮。然而，在层层盘剥之后，到苏东坡手中的救灾物资已经少之又少，根本不能真正解决灾情。

❷**正面描写**

表达了苏东坡忧国忧民的赤诚之心。

面对这样的结果，苏东坡在写给孔平仲的信中，不无悲哀地说道：“呜呼！谁能稍助我者乎？”

③然而，苏东坡并没有就此放弃，而是更加积极地投入到抗灾的工作中，在发放米的同时，又针对杭州地区疫情最为严

❸**数字说明**

苏东坡积极投身到抗灾工作中去，为民操劳的赤诚表露无遗。

重的情况，私人出资五十两黄金，再设法筹募了两千缗资金，开设多个临时病坊，为病人治病。

读书笔记

在苏东坡的努力下，浙江七州地区的灾情总算得到了缓解，杭州的疫情也得到了及时的控制。

公元1091年（元祐六年）春天，朝廷下旨让苏东坡重回京城任职。苏东坡只好依依不舍地离开二度管辖过的杭州。临行前，苏东坡对为自己饯行的友人说道："予去杭十六年而复来，留二年而去。平生自觉出处老少，粗似乐天，虽才名相远，而安分寡求，亦庶几矣。"

❶正面描写

表达了杭州百姓对苏东坡的感激和思念之情。

[1]眼看苏东坡再次离开，杭州人民无不难过。后来，百姓们就将苏东坡的画像悬挂在了苏堤上的一个亭子中，以此亭作为他的生祠，寄托大家对他的感恩与思念之情。

苏东坡虽然要离开杭州，但是他并不放心，因为根据当时的情况来看，第二年浙江地区还可能发生更大规模的饥荒，于是他又向朝廷反映了这一情况，同时告知接替自己的林太守，让其早做准备，以抵抗来年可能发生的大饥荒。

读书笔记

当时，有很多人都不相信苏东坡说的话，甚至有人说苏东坡在危言耸听，并以此为由对苏东坡进行攻击，称其"论浙西灾伤不实"。

然而，事实说明，苏东坡的预见是正确的。苏东坡离开杭州的第二年，浙江地区的确爆发了大饥荒，就连全国其他地区也出现了不同程度的饥荒，情况甚至比苏东坡想象的还要严重。

精华赏析

这一部分主要讲述了苏东坡在做了杭州太守之后，治理西湖，改善饮水系统，并身先士卒带领众人抵抗灾难的事情。他还自己出钱，为老百姓修建临时医坊，表达了他忧国忧民的思想，以及身体力行为老百姓做事的精神。

延伸思考

1. 苏东坡是怎样治理西湖的?

2. 苏堤是怎样建起来的?

3. 老百姓为了纪念苏东坡，是怎样做的?

相关链接

白堤在唐代时候叫白沙堤，宋代时期又叫孤山路，全长一千米。它东起断桥，经过锦带桥，最后止于平湖秋月。白堤横亘西湖之上，把西湖划分为外湖和里湖，还将孤山和北山连接在一起。堤上内层是垂柳，外层是碧桃，传说，后人为纪念白居易而称之为“白堤”。

第十五章　晚年奔波

名师导读

一道圣旨，把苏东坡从杭州召回了京城，迎接他的不是风平浪静的生活，而是一片“枪林弹雨”，在这种生活中他将怎样保全自己呢？我们来看看他是怎么抵抗这“枪林弹雨”的吧。

“枪林弹雨”

苏东坡回到朝中，迎接他的是一片“枪林弹雨”，这些进攻者既包括苏东坡的宿敌，也包括那些嫉妒苏氏兄弟权力的小人。因为在苏东坡进京之前，他的弟弟苏辙已经晋升为门下侍郎，地位堪比宰相。如今更为有才的苏东坡又回到了朝廷重任翰林学士，凭借着太后对他的恩宠，担任宰相是迟早的事。[①]在这样的情况下，苏氏兄弟的政敌们又怎能坐以待毙呢？

❶反问修辞……苏辙堪比宰相，苏东坡又极得太后的恩宠，兄弟二人的风光让一些人羡慕嫉妒。

首先出来挑衅的是程颐的同党贾易和赵君锡。贾易就是那个曾经因上书弹劾吕陶，诬陷苏辙而被贬到广德的人，如今他也回到了朝廷，见苏氏兄弟如此“得势”，便打算新仇旧恨一起算。他就利用自己台谏官的职权对苏东坡进行污蔑和打击，上书指控苏东坡有枉法之罪，说苏东坡在任杭州太守时，罔顾法律，仅仅给了巧取豪夺的富豪颜章、颜益二人刺配的处罚。

哲宗看完奏折，决定不予追究，但贾易却不肯罢休。他又和赵君锡勾结，费尽心思去寻找苏东坡诗文中那些“可疑”的字眼，手法和曾经的“新进”们如出一辙。终于，他们发现苏东坡的一首诗中有“庆幸”一词，而这首诗是神宗去世后两个月时所作，于是这二人紧紧抓住这两个字，上书皇帝，痛斥苏东坡大逆不道，对先皇不敬。然而，这件事被苏辙巧妙地应对了，他对太后和皇上说：①“哥哥当年作此诗是为庆贺聪慧的幼帝登基，别无他意。”

❶**语言描写**

面对小人的恶意诽谤，苏辙巧妙化解，帮助哥哥渡过了难关，突出了他头脑灵活、思维敏捷。

如此一来，贾、赵二人只能哑口无言。但他们依旧没有放弃对苏东坡及其党人的攻击，接着又指责苏东坡任杭州太守时夸大灾情，危言耸听，造成国内恐慌和朝廷不安，同时指控苏东坡在草拟弹劾吕惠卿的圣旨中也折辱了先帝。

贾、赵二人的险恶用心和阴险手法让苏东坡愤懑不已。苏东坡决定再次退让，他上书皇帝和太后，请求外放。②没想到，宣仁太后不仅没有批准苏东坡的外放申请，反而将贾易贬为了宣州知州，将赵君锡贬为郑州知州。

❷**侧面描写**

说明宣仁太后的英明，同时表达了宣仁太后对苏东坡的看重。

其实，贾、赵二人之所以如此肆无忌惮地诋毁和攻击苏氏兄弟及其“党人”，是因为他们的背后有韩氏集团、吕氏集团等大地主大贵族统治集团的支持。

现在贾、赵二人未伤及苏氏兄弟毫发，反而在“朋党之争”中惨败，那些大地主大贵族统治集团不由得心慌起来。在他们看来，苏东坡请求外放的行为，完全是以退为进，目的就是宰相一职。

①于是，右司谏杨康国赶紧跳出来，对苏氏集团发起第二轮攻击。他上折中伤苏氏兄弟，提醒太后和皇上要以王安石为鉴，切不可重用苏氏兄弟，虽然此二人有过人的文采，但自负傲慢，尤其是苏辙简直是刚愎自用，与王安石毫无差别，如果重用此二人，一定会造成天下大乱。

❶正面描写

一计不成，又生一计。害人的人始终不肯死心，他们一个又一个地跳出来，陷害苏氏兄弟，无所不用其极。

紧接着跳出来的是吕大防。此人是当时的宰相之一，也上书弹劾苏东坡。然后是中书舍人韩川，他所攻击的对象是苏东坡的门生黄庭坚。当时，黄庭坚刚刚完成了《神宗实录》，被晋升为起居舍人。韩川对黄庭坚进行诋毁，使之被降为了秘书省著作佐郎。

除了黄庭坚，苏东坡身边的其他人也同样受到了不同程度的打击，如秦观、王定国等均被贬谪。

②如同两年前一样，面对政敌们的“枪林弹雨”，苏东坡为了保全身边的人，再次下定决心离开朝廷，并且连续上了好几道请求外派的折子。

❷比喻修辞

说明政团之间的斗争非常激烈，任何时候都会存在。

出知颍州

1091 年（元祐六年）的秋季，五十四岁的苏东坡再次如愿地离开了朝廷，来到了颍州任太守一职。

在前往颍州的途中，苏东坡想到自己一把年纪还在为仕宦奔波，不得归隐，不禁感叹道：“报国何时毕，我心久已降。”

可是，当苏东坡抵达颍州后，他又立马投入到了紧张的政务中。

与苏东坡一同前往颍州的还有他的门生陈师道，皇族的赵令畤，以及欧阳修的三儿子欧阳叔弼、四儿子欧阳辩等。

①这年除夕，苏东坡与赵令畤一同登上城楼，亲眼看见了江北地区的饥民成群地逃到淮河边，寻找野菜、麦麸来煮粥，还有人干脆直接剥下榆树皮来吃。

灾民们在雪中艰难前行的情景深深地印在了苏东坡的心里。

第二天天还未亮，苏东坡就将赵令畤从睡梦中喊醒，说道："昨夜，我辗转反侧，难以入眠，总觉得自己应该为那些可怜的百姓做点什么。我打算把官仓中的麦子发放一些，哪怕让他们能吃上一口饼也行。"接着，苏东坡又与赵令畤商量了一番。最后，两人决定从颍州官仓中拿出一部分粮食和柴薪救济邻县难民。

就在这个时候，苏东坡得知邻县官吏竟然还在向难民们征收柴米之税！他立刻向朝廷上书，请求停止这样荒唐的行为，同时建议朝廷允许将柴米自由运送到江北地区，以缓解灾情。

除了帮助邻县救灾，苏东坡也积极治理颍州地区。在公务之余，他会同门生、友人们一起泛舟于颍州的西湖之上，谈笑风生。

②我们知道，苏东坡是个极富创造精神的人，他发明过一种桶高檐宽的帽子，被人们称为"东坡帽"。"东坡帽"曾一度成为当时的流行饰品。现在，他又发明了一种"流动亭"。这种亭子其实就是一个帷幄，出行携带，到了哪儿，就找个地方撑开，固定成"亭子"。苏东坡还专门为这种"亭子"取了一个名字——"择胜"。

❶场面描写

通过苏东坡等人的视角，描写江北地区人们的艰苦生活，他们没有食物，食不果腹，过着非人的生活。

读书笔记

❷叙述描写

苏东坡发明了"东坡帽"和"流动亭"，并且在当时都非常流行，这说明他是一个极富创造精神的人。

移知扬州

苏东坡在颍州待了八个月，又被调至扬州任知州。

公元 1092 年（元祐七年）三月，刚到扬州不久的苏东坡带着两个儿子去农村巡视，只见到处是青青的麦田，却看不到辛勤打理麦田的农民。[①]一问才知道，当地的农民居然不希望庄稼丰收，甚至期盼自然灾害降临，因为一旦丰收，农民就必须缴清拖欠官府的债务，否则就会被鞭笞或关进大牢。

原来，大地主大贵族统治集团在废除新法的过程中，再次出现国库空虚，国家经济紧张的局面。为了扭转局面，这些守旧派统治者并没有采取相应的改革措施，而是加紧催促农民还清在新法实施时所欠政府的债务。在这样的情况下，农民要么在荒年中忍饥挨饿，要么就在丰收之年锒铛下狱。有很多绝望中的农民甚至揭竿而起，公然反抗官府。

面对这样的情景，苏东坡不得不流泪叹息道："真是'苛政猛于虎'哪！"[②]接下来，他便根据扬州的具体情况，在法律范围内灵活变动，免去了农民的部分"积欠"。

与此同时，苏东坡连续向朝廷上书，详述催促农民还清"积欠"所带来的严重后果，请朝廷宽免农民所欠的官债。然而，一道道折子到了朝廷后，都被弃之不顾。几个月过去了，苏东坡见朝廷无动于衷，只得向宣仁太后上密奏，重申"积欠"对国家和人民的诸多弊端，同时提交了一份详细的处理农民积账的办法。在长达五千字的《论积欠六事并乞检会应诏所论四事一处行下状》中，苏东坡激愤地说道：[③]"臣闻之孔子曰：'苛政猛于虎。'昔常不信其言。以今观之，殆有甚者。水旱杀

❶解释说明

体现了"苛政猛于虎"的悲哀。

❷正面描写

苏东坡有感于百姓的艰辛，就在法律允许的范围内灵活变通，为百姓谋求福利。

❸引用修辞

苏东坡在文章中慷慨激昂地陈述了"苛政"的弊端和严重后果，体现了他一心为民请命的精神。

人，百倍于虎，而人畏催欠，乃甚于水旱！”然后他又用具体的例子告诉太后，农民根本还不清官债的事实，所以与其苦苦相逼，不如宽免一部分债务，既能让农民有喘息的机会，又让朝廷重拾民心。

读书笔记

终于，在太后的催促下，朝廷官员才把苏东坡的奏章当回事，并于七月份，正式实施苏东坡所提出的各项改善情况的措施，同时宽免了他在表章里所列可以免去的公债。

农民“积欠”问题在一定程度上得到了缓和。苏东坡又针对官吏贪污成风的现象，提出了将税务岁终赏额取消的建议。他甚至将扬州传统的万花会也取消了。官吏们没有了贪污的机会，自然就大大减少了对百姓的盘剥。① 毫无疑问，这些举动深得民心，扬州老百姓无不感激苏东坡为大家所做的一切。

①点明主旨 苏东坡一心为民，他所做的事情让老百姓得到了益处，同时，他也赢得了老百姓的尊敬和爱戴。

移知定州

就在苏东坡如愿以偿地帮助农民们减轻了“积欠”负担的两个月后，朝廷又下达调令，让他回京担任兵部尚书一职。他刚回到朝廷，做了两个月的兵部尚书，后又担任礼部尚书。接下来，便发生了一连串让他猝不及防的事情。

1093 年（元祐八年）的八月初一，苏东坡的继室王闰之因病去世。虽然苏夫人的葬礼办得十分隆重，但老年丧妻，对苏东坡而言，无疑是沉重的打击。他多次向皇帝和太后申请外补，但不予批准。

读书笔记

让苏东坡更没有想到的是，在妻子去世一个月后，一直赏识和器重自己的宣仁太后也去世了。太后离世就代表着苏东坡等被太后所器重的老臣们失去了庇护神。这时候，苏东坡的外补申请终于被恩准了。哲宗让苏东坡前往定州（今河北定县），管理河北西部事宜，同时统领当地骑兵步兵。

❶正面描写
介绍了定州的地理位置，突出了它的重要性。

①定州是北宋北部的边界城市，与契丹相邻，因此是国防重地。从澶渊之盟后，北宋与契丹保持着相对和平的状态，而这样的和平却成了定州将士懈怠、军心涣散、军纪松弛、军民赌博成风，甚至贪污盗窃频发等腐败、混乱滋生的恶土。

苏东坡到了定州后，立刻着手改善军纪、扭转士风的工作。首先，针对军中管理腐败，士兵待遇过低，军营破烂的情况，苏东坡一方面修缮军舍，改善士兵伙食；另一方面，严惩贪污腐败的军官，严肃军纪。

❷叙述描写
为了整顿军队，苏东坡身先士卒，激发将士们的斗志。

②其次，他定期举行军队校阅仪式，不但自己穿上正式的戎装，还要求各级官员按等级站队，通过庄严的氛围来感染将士们，使其恢复斗志。

最后，他还组织训练了弓箭社。弓箭社是定州当地反抗契丹侵犯的民间武装组织，社员们出门砍柴、耕种都会带上弓箭，随时准备抗击侵略者。

读书笔记

在定州，弓箭社一度被契丹贵族忌惮。苏东坡了解到这一情况之后，就在自己所管辖的各个区域内组织和扩大了这种民间武装力量，使河北西部地区的弓箭社成员达到了三万多人。苏东坡对社员实行免役制，并且想方设法省下财政开支，补贴弓箭社，使弓箭社的战斗力大大增强。

总之，作为定州的一军之长，苏东坡采取了各项有效的措施，整顿了河北西部地区的军纪，增强了军队和民间武装组织的战斗力，有效地巩固了北宋西北地区的国防力量。

精华赏析

在这一章中，主要介绍了苏东坡从杭州调回京城之后被政敌陷害的事情。苏东坡调任扬州知州之后，为老百姓做了很多好事。后来，他前往定州，整顿军纪，扭转士风，真正做到了身先士卒、以身作则。

延伸思考

1. 苏东坡晚年遇到了什么悲惨的事情？

2. 苏东坡回到京城之后，遭到了哪些人的恶意中伤？

3. 苏东坡在定州主要有哪些政绩？

相关链接

契丹是中国古代出现在东北地区的一个民族。契丹族在中国北方地区曾经建立封建王朝——辽。916 年，辽太祖耶律阿保机统一契丹各部称汗，国号“契丹”，定都临潢府。947 年，辽太宗率军攻灭五代后晋，改国号为“辽”。1125 年，辽被金朝所灭。

第十六章　惠州谪居

名师导读

宋哲宗亲政之后，将年号改成了“绍圣”，他决定在政治上进行改革，加强自己的权力。新的一轮新旧党之争拉开了序幕。

第三轮新旧党之争

公元1094年，刚刚亲政一年的哲宗皇帝将年号改为了“绍圣”，同时决定在政治上进行一场变革，削弱老臣们对自己权力的干涉。于是，有些奸猾的小人就趁机向哲宗提出重新启用章惇、吕惠卿、王安中、李清臣等变法派人士。

①我们知道，在王安石变法时，老臣们因为反对新法，一个个不是被贬谪，就是被罢官。但是，在这期间，章惇却左右逢源，官运亨通。后来，神宗去世，宣仁太后当政期间，他就成了变法派的主要代表，不仅被贬谪，还因犯罪而下狱，饱尝了监禁之苦，所以他对保守派老臣恨之入骨。

①对比手法　与那些被贬谪和罢官的老臣相比，章惇的左右逢源是那么显眼，突出了他圆滑的性格特点。

如今，新帝当政，重新启用变法派人士，章惇自然不会错失机会：[1]一方面，他向哲宗造谣说宣仁太后曾与那些老臣们密谋要更换皇帝，让哲宗对守旧派大臣痛下杀手；另一方面，他重用曾布、安焘、邓润甫、蔡京和蔡卞等同党人士，以此巩固自己的地位。

1094年（绍圣元年）的夏季，章惇在同党的推荐下，被哲宗晋升为宰相。以变法人士为中心的新统治集团正式形成，然而此时的变法派已经不是王安石时期的变法派了。这些人在朝中为官已久，早就成了新的大地主大贵族阶级，因此他们所谓的"恢复神宗时期的政策"，只不过是他们铲除异己、维护私利的幌子。

很快，北宋统治阶级内部就展开了第三轮新旧党之争。可以说，前两次新旧政党的斗争，都属于阶级斗争，[2]因为不论是王安石当权时期放逐政敌的行为，还是司马光当政时期的全面废除新法的固执行为，都是为了本阶级的利益而采取的行动。可是，章惇当权后所采取的一系列行动，则纯属疯狂的复仇行为。

章惇和蔡氏兄弟先对已经去世的司马光、吕公著、韩维等人下手，运用各种阴险的手段，给这些老臣扣上"不忠不义""奸慝邪恶"的帽子，使哲宗下旨褫夺这些已故老臣的爵位、封号，没收他们的财产，甚至放逐他们的子孙。其中，司马光所受的折辱最为严重，不光两度被降级，荣衔和爵位被夺，而且差点儿被章惇等奸臣开棺鞭尸，就连他的史学巨著《资治通鉴》也差点儿被毁。幸好，哲宗还没有愚昧到完全失去理智的地步，在见到神宗生前为司马光的《资治通鉴》所写的一篇序后，断然拒绝了章惇的请求。

❶叙述描写

章惇为了巩固自己的地位，采取了两个措施。说明这是一个八面玲珑的人。

❷对比手法

阐述了三次新旧党之争的区别，暗嘲章惇"挂羊头卖狗肉"的行为。

读书笔记

已故者尚且如此，活着的老臣们就更难逃被打击的命运。章惇等人的报复行为已经越过了朋党界限，不论是朔党、蜀党，还是洛党，都成了这帮人打击的对象。为了寻找一个合适的借口，置政敌们于死地，新党将所有在元祐年间反对神宗推行新法的大臣都称为“元祐党”，并且给他们标上冒犯先帝的大罪。

❶比喻修辞

“密如雨下”比喻宋哲宗所下达的贬谪、罢黜和监禁的圣旨数量之多，暗指受到牵连的人数众多。

①虽然哲宗没有糊涂到所有事情都听信这帮小人的，但是对大臣们进行贬谪、罢黜，甚至监禁的圣旨还是密如雨下。

在第三轮新旧党之争中，刘世安、吕大防、刘挚、梁焘、苏东坡、苏辙、黄庭坚、秦观、晁补之、张耒、王巩等，就连德高望重、不好争斗的范纯仁和范祖禹也无一幸免地被冠以“元祐党”的罪名，并因此遭到降级或流放的惩罚。

新党在“复仇”之路上，可谓无所不用其极。他们不光在政坛上想方设法铲除异已，还对那些已经被降级或流放的大臣“穷追不舍”，痛下杀手，要么派人取其性命，要么挖空心思让困境中的人更难生存。②比如，刘世安遭遇了杀手追击；苏辙到了流放地被撵出官舍，难以栖身；而范祖禹、吕大防、梁焘、刘挚则在流放期间丧命。

❷举例子

说明了新党在铲除异己方面不择手段，穷凶极恶。

朝廷还专门成立了惩处“元祐党”的机构，并且将所有诽谤先帝的“罪犯”的名字归档。据统计，被惩处的“元祐党”人数达到了八百多人，光是档案就有152卷。

贬逐岭南

1094年（绍圣元年）三月，苏辙因为反对“绍述”而被贬为汝州太守。

苏辙刚到汝州上任一个月，苏东坡就因“毁谤先帝”被贬为了英州太守。然而还没等他走马上任，朝廷又下一道调令，让他去惠州任职。

惠州就是今天的广东惠阳，也就是说苏东坡要从河北西部的定州前往一千五百里之外的岭南地区。

① 在北宋时期，通常只有朝廷重犯才会被贬到被称为“蛮荒瘴疠之地”的岭南。

❶侧面描写　说明苏东坡这次受到的牵连很大，朝廷对他的处置很重。

这一调令对于五十七岁的苏东坡而言，如同晴天霹雳。他两眼昏障，疲惫而缓慢地回到家中，细细思量接下来该如何安排。

其实，苏东坡早就有了远离统治集团的愿望，所以这次去岭南对于他自己而言并不可怕。只是自己一向不善理财，虽然为官多年，却囊中羞涩，根本不能负担举家前往岭南的费用。经过思量，苏东坡决定将家眷们安置在常州的小农庄，自己只带了朝云、小儿子苏过和两个婢女启程。

② 接着他就去汝州向弟弟苏辙借了七千缗，供留在常州的家人生活。至于路费，这又是令东坡头疼的事了，因为不管是让定州官府派人送，还是让惠州官府遣人来接，都是根本不可能的事。最后，苏东坡给哲宗写了一道表章，详述自己的难处，并请求哲宗看在两人曾经是“师生”关系的份上，派艘船送他去岭南。终于，哲宗应允了苏东坡的请求。

❷侧面描写　说明他不是一个贪官污吏，一生清贫，正直、简朴。

很快，东坡就与家人告别，踏上了前往岭南的旅途。③ 就在东坡办这些事的过程中，朝廷连下了三道圣旨，将其官职一降再降，但目的地始终是惠州。因此，行程自然是不用改的。

❸正面描写　朝廷对苏东坡的官职一贬再贬，说明他被小人陷害之后，处境很不好。

东坡已经不在乎官职如何了，作为第一个被贬岭南的官吏，他颇有些“视死如归”的勇气。此外，每日还能看到许多不同的山水美景，苏东坡内心反倒开阔了。在途中，他回想起自己过去的官场经历，对那些自己曾帮助过的或者爱戴自己的穷苦百姓不无思念，于是作了好几首同情百姓的诗歌。与此同时，他自认为为官以来，自己已经非常努力了，所以感叹道：“争劝加餐食，实无负吏民。”

读书笔记

然而，船到鄱阳湖靠岸停泊时，第四道圣旨又到了，他的官阶再次被贬低。这下子可麻烦了，因为负责运送的官员一听苏东坡的官职如此低，非要收回这只官船，让苏东坡自己前往惠州。

读书笔记

苏东坡只能好言相商，请求对方让自己一家第二日再离船。运送官员勉强同意了。接着，东坡就去龙王庙祈祷第二天能够顺风顺水。没想到，第二日真的刮起了大风，官船飞速地往前跑，未到中午竟行驶了十二里，直接到达南昌的湖上码头。

东坡心中的大石头总算落地了。后来，他还专门写过一篇文章道谢龙王。

九月，东坡经过了以“艰险”著称的大庾岭，后又在南雄附近碰到了旧友吴道士。[1]这次邂逅，吴道士无欲无求、乐观豁达的心态给了苏东坡极大的精神力量，以至于在日后的艰苦岁月中，他依旧能够保持豪放、豁达的精神境界。

❶**正面描写**

苏东坡的心境在旅途中就已经有了很大的改变，这次与吴道士的邂逅，让他的心境更加豁达。

十月初，苏东坡终于到达了广东惠州。

别样的生活

新党人士将苏东坡贬到惠州，是想借岭南的“瘴疠”环境，摧毁其身心。

然而，苏东坡到了惠州之后才发现这里别有一番天地，而最令他感动的是，惠州当地的官员和老百姓热情接待了他。①因此，他在《十月二日初到惠州》中写道：“吏民惊怪坐何事，父老相携迎此翁。”

❶引用修辞……
表达出了大家对他的尊敬和喜爱。

他初到惠州时，被太守安置在了官舍“合江楼”中。顾名思义，此楼正位于两条河流的交汇处，因此视野极为开阔。临窗而立，既可以看见对岸的城镇、斜峭的山坡，又可以欣赏到象头山与罗浮山的绮丽之景，还可以俯瞰那些钓鱼的闲人。

惠州位于亚热带地区，虽然风土人情与江浙一带有很大的差别，但处处都是葱茏的草木，芬芳的水果。苏东坡不仅没有感受到所谓的“瘴疠之气”，反而欣然感叹道：“岭南万户皆春色。”看来，新党们的如意算盘是打错了。

在合江楼住了半月之后，苏东坡搬到了嘉祐寺。

②我们知道，苏东坡向来喜欢山水，而惠州的山水颇多，瀑布的壮观，荔浦江中随波逐流的木筏，都是让他流连忘返的景致，而嘉祐寺后山上的松风阁则是他歇脚与观景的地方。

❷环境描写……
描写了惠州的山水，突出了苏东坡现在的生活比较悠闲舒适，暗示他的心境很不错。

此外，苏东坡在惠州还品尝到了荔枝的清甜，“万户酒”的香醇。

一句“日啖荔枝三百颗，不辞长作岭南人”不仅表达了他对荔枝的喜爱，更让荔枝声名大噪，成为世人皆知的美味水果。

当然，比起荔枝来，“万户酒”更让苏东坡喜爱，甚至贪恋。[①]万户酒其实是桂酒，由于这里家家户户都酿造此酒，所以才被称为“万户酒”。苏东坡曾在《书东皋子传后》《酒颂》和《松醪赋》等诗文中大加称赞此酒。一句“待诏何所乐，但美酝三升，殊可恋耳”使“贪杯老翁”的形象跃然纸上，颇有些五柳先生的影子。苏东坡不但爱喝万户酒，还喜欢自己酿造万户酒，并且以一个“行家”的口吻介绍了此酒的酿造方法。不过，据说这位“行家”所酿造的酒曾喝坏了家人与客人的肚子。

❶解释说明　说明这里酿酒的人家比比皆是，数量多不胜数。

当然，有景有酒，还得有朋友共赏同饮才叫乐趣。在惠州的苏东坡自然不寂寞。

[②]所谓“有朋自远方来，不亦乐乎”，苏东坡到惠州不久，邻近五县的官员都争相赶来结识这位久负盛名的大诗人。太守们给他送酒送食，邀他游山玩水，共享宴饮之乐。其中，惠州的詹太守和博罗的林县令与苏东坡的交往最为密切。詹太守最喜欢与苏东坡切磋厨艺，每隔几天便带着厨子和酒菜来到苏东坡的住处。在此期间，苏东坡又大显其非凡的创造力，发明了“东坡鱼”“东坡烤羊”等特色菜式。

❷正面描写　说明苏东坡在当时名气很大，众人都希望能够与大诗人成为朋友。

当然，作为诗人，无论生活多么有趣，诗文还是他的最爱。为此，苏东坡专门给自己辟了一间小书斋，并将其命名为“思无邪斋”。每每在山水中放浪形骸之后，或结束朋友聚会归来，苏东坡都会在灯下提笔：或给朋友写书信，或写一篇游记随笔，或即兴作诗词……

读书笔记

这样的流放日子反倒让苏东坡的精神世界得到了最大的满足。从前，他只知道“上有天堂，下有苏杭”，而在惠州生活了一段时间后，才发现这里的生活别有一番滋味，所以才会在给友人的信中说道：①“到惠将半年，风土食物不恶，吏民相待甚厚。孔子云‘虽蛮貊之邦行矣’。岂欺我哉！”

❶引用修辞

说明惠州的民风朴实，百姓和官员之间的关系比较融洽。

百姓之友

当然，“生活不光有诗和远方”，作为亲民主义者，苏东坡一向关心贫苦百姓，这一品质在惠州也得到了充分的体现。②他在惠州生活了一段时间后，便发现这里虽然风景优美，物产丰富，但是缺乏药物。百姓不仅被痔疾、痢疾、风寒等常见疾病困扰，而且身体常年被潮湿的“瘴雾”侵袭，而药物的缺乏，导致每年都会有很多人病死。面对这一情况，苏东坡不但时常提醒百姓们要在饮食和冷暖问题上保持健康的习惯，还根据医书内容收集药材，制成各种药物，帮助当地病人抑制或消除疾病。

❷详细描写

苏东坡帮助大家改善条件，有效地抑制或者消除了疾病，受到了百姓的爱戴和敬佩。

与此同时，苏东坡还在惠州建了一个大冢，将那些荒野之中的骸骨收敛，重新安葬在大冢里，然后给这些不知姓名的死者们写了一篇祭文。这一举动深得惠州人民的敬佩。

接着，苏东坡又在城西建了一个放生池，倡导人们在节庆之日放生鱼类。因为此时的苏东坡崇尚佛教，他认为将这些鱼类放入该池中，就可以让它们“安度余生”了。

苏东坡不但同情病者、故者，还十分关心当地老百姓的生活状况。

③当时，惠州地区丰收，粮食价格下降，官府便不要粮食，要现款。农民不得不将粮食贱卖，以换来钱款交税。可

❸概括描写

这种方法，将百姓推到水深火热之中了。

是，交税的时候，官府却按高价算粮税，到头来，农民卖两三斤粮食所得的钱款还不够交一斤粮食的税收。

读书笔记

官府的变相剥削行为激起了苏东坡内心的愤懑，他要为农民“打抱不平”。于是，他给担任广州提刑的表哥程之才写了一封信，揭露和抨击官府的行为，并向对方提议将这一情况上报朝廷。

读书笔记

程之才既是苏东坡的表哥，也是他的姐夫。过去两家人曾因为八娘的去世生了嫌隙，甚至“仇恨”，多年不曾往来，所以章惇就把程之才派到了广州，想利用这对表兄弟之间的矛盾，给苏东坡添点麻烦。可是，程之才如今也年过六旬，早有恢复两家关系的想法。因此他同意了苏东坡的提议，决定与广州其他两位官员一同上书。

1096年（绍圣三年）初，博罗县遭遇了巨大火灾，就连官署也被大火吞没了。当地官员只好搭建临时栖身的帐篷。于是，苏东坡又为官署重建的事感到担忧，他担心这会成为官府压榨百姓的理由，而此时百姓的生活已经陷入了绝望的境地。因此，他又给程之才写了一封信，建议他命令官府在市场上公开购买建筑物资，雇佣民工，严禁向百姓无偿征讨物资和征用民工。[①] 在信中，苏东坡特意强调：“害民又甚于火灾。”

❶引用修辞 突出了官府如果不为老百姓考虑，对百姓的伤害比巨大火灾带来的伤害更严重。

此外，为了帮助百姓们降低劳动强度，提高农业生产率，苏东坡还因地制宜地设计了利用山水灌溉的堤塘，同时推广了他曾在黄州地区看到的高效的插秧工具——“秧马”，不但让百姓们免去弯腰播种的辛劳，还大大提高了插秧的效率。

由此可见，谪居惠州的苏东坡虽然没有什么实权，却始终站在百姓的角度，以一个“朋友”的身份，想方设法救惠州黎民于水火，这怎能不受百姓的爱戴呢？

聚散之间

博罗县失火这年，苏东坡在惠州已经生活了两年多，此时的他不但习惯了岭南的风土人情，而且结识了不少朋友，更得到了百姓们的热情拥戴。这里的一切都让他感到满足，唯一牵挂的就是远方的朋友和居住在常州的家人们。幸好在这期间，参寥、钱世雄，弟弟苏辙，还有自己的两个儿子都有托人捎信来问候他。有个叫陆惟谦的同乡道士甚至不辞劳苦，跋山涉水来到这里探望他。还有个姓卓的佛教徒为了替他的两个儿子打听他在这里的情况，也不远千里，从常州步行到了惠州。[①]等到了苏东坡的住处时，这位佛教徒已是满脸紫色，双脚磨出了又厚又大的泡。

苏东坡知道靠这种跋涉来维持他与家人间的联系并不是长久之法，所以决定把家人接过来，全家定居惠州。

既然要定居，就必须先建房子。苏东坡在白鹤峰选好了建房地址，于是当地官员和百姓们便纷纷赶来帮忙，建造工程很快就开始了。

然而，到了七月，新房还未建成，惠州地区突然爆发了大规模的瘴疫，许多人都被瘴疫夺走了性命，其中包括东坡的侍妾王朝云。

朝云病故时才三十四岁，她的离去给苏东坡带来了沉重的打击。[②]虽然两人相差二十多岁，却恩爱有加，不论生活多么潦倒落魄，朝云都默默地守在苏东坡的身边。对于苏东坡而

读书笔记

❶细节描写

描写了这位从常州步行而来的佛教徒到达苏东坡的住处时的样子，说明了他曾经跋山涉水，历经艰险。

❷正面描写

介绍了朝云在苏东坡心中的地位。

言，朝云是他生活中的伴侣，文艺上的知己，精神上的支柱，更是心中的“天女维摩”。

读书笔记

朝云生前，他曾为她作了两首赞美之词，言辞间融入了自己对身边这位“天女维摩”的爱意；朝云去世后，他又为其写了两首诗词：《悼朝云》和《西江月·梅花》。在前一首词中，他再次追忆朝云所生的那位夭折了的幼子；在后一首词中，他以梅花作象征，表达了自己对朝云深深的思念之情。

八月初三，东坡将朝云葬在城西丰湖附近的小山上，小山不远处有座佛塔，还有几个寺院。因为朝云生前同晚年的东坡一样，都崇尚佛法，所以东坡为朝云选择这样一个“归宿”，或许是希望她可以在山间回荡的佛音中，早日到达极乐世界吧！

❶正面描写　说明两个人之间感情之深。

①东坡与朝云的爱情曾感动过无数人，朝云去世以后，东坡也选择了孤独终老。

虽然家中发生了这样悲痛的事，但新房还得继续修建，一直到第二年的春天才竣工。东坡为新房取名为“白鹤居”，但后人多称之为“朝云堂”。这里一共有二十间房，东坡在屋前屋后的空地上种了许多果树，又打了一口水井。

这时，长子苏迈已经带着妻儿来到了惠州。次子苏迨依然留在常州，因为他还要参加科举考试。

读书笔记

如今，东坡与两个儿子、两个儿媳妇、三个孙子，以及两个孙媳妇住在一起。虽然白鹤居几乎花光了他所有的积蓄，但能与家人团聚，其乐融融地住在自己所盖的新居里，这对年近六旬又失去了爱妾的他而言，自然是莫大的安慰。

精华赏析

苏东坡被贬到惠州谪居，他在这里感受到了当地人们淳朴的民风。当地官员和百姓也纷纷前来，以与他结识为荣。苏东坡看到百姓丰收却为交税而发愁，就联合表哥一起上书，为百姓请命。由于和家人生活分居两地，苏东坡在惠州修建了“白鹤居”，可惜的是朝云却死于瘴疫，这让苏东坡非常痛苦，好在最后能与家人团聚，这对于苏东坡来说也是一种幸福和安慰。

延伸思考

1. 苏东坡为什么会被贬到惠州？

2. 苏东坡在惠州的时候，当地百姓和官员是怎样对他的？

3. 苏东坡在惠州建造的房子叫什么名字？

第十七章　流放海南岛

名师导读

苏东坡在惠州修建房屋，准备在此定居。然而愿望是美好的，现实却是残酷的，一道圣旨打破了他悠闲的生活。圣旨上命他去海南岛，这意味着将他从北宋的文化圈中踢出去。他在海南岛将会面临怎样的生活呢？

再遭贬谪

正当苏东坡以为自己可以在惠州安度晚年的时候，朝廷竟然又来了一道贬谪令，命他去海南岛，安置为琼州别驾，实际上就是把他流放到北宋文化圈之外的地方。

①苏东坡被流放的同时，苏辙被贬往了雷州半岛；范纯仁、刘挚、吕大防等被流放于岭南；还有韩维、黄庭坚、秦少游等，凡是被新党视为政敌的人都再次遭到贬谪。

> ❶正面描写　苏东坡、苏辙、黄庭坚、秦少游等人被一再贬谪，表现了党派之争的激烈，很多人成了无辜的受害者。

很明显，章惇等人企图将自己的政敌们贬到不可再贬的地步，甚至置于死地，以免这些人东山再起。在他们看来，众多政敌中，苏东坡是最具影响力且最没有背景的人，所以丝毫不念及曾经的交往之谊，将苏东坡独自贬到了域外，以便削弱他在“国内”的影响力。

读书笔记

与此同时，为了达到“杀一儆百”的效果，新党还破坏了杭州的苏堤，捣毁了苏东坡写的《上清储祥宫碑》及苏东坡在各地所留的碑文。然而，这些极端的做法不但没有让人们畏惧，反而激发了读书人和百姓们的愤怒之情，大家偏偏更加热爱苏文，更加爱戴苏东坡了，东坡在流放途中写的两首诗也为此广为流传。这两首诗的内容是这样的：

①“李白当年流夜郎，中原不复汉文章。纳官赎罪人何在，壮士悲歌泪万行。”

“淮西功业冠吾唐，吏部文章日月光。千载断碑人脍炙，不知世有段文昌。”

1097年（绍圣四年）四月中旬，苏东坡还来不及整理新居中的物品，就被迫登上了前往海南岛的孤舟。次子苏迨将老父亲送到了广州，并在河边与父亲挥手道别；小儿子苏过则陪着老父亲一起前往海南岛。

父子俩从西江出发，逆流而上到达梧州，恰好此时苏辙带着家眷前往贬谪地雷州，也到了梧州。因此，这对阔别已久的苏氏兄弟终于有了见面的机会。

因为东坡父子须在雷州半岛渡海前往海南岛，而苏辙须在雷州任职，所以兄弟俩碰面后，就带着双方的家人一起前往雷州。到了雷州，两家人受到了雷州太守的热情款待，这也是患难中所见到的一点真情。小聚之后是痛苦的离别。东坡必须带着儿子离开雷州，继续南行了。②分别的前一夜，苏辙和家人

❶引用修辞

诗歌表达了东坡对于被一再流放的悲怒之情。

❷场景描写

描写了苏东坡和弟弟苏辙依依惜别的场景。

登上了东坡所乘坐的船。两家人先是叙叙家常，接着两个堂兄弟又在两位老人面前各作诗词。待到夜深人静时，东坡兄弟二人不禁黯然伤神，一直愁坐到了天明。或许，俩人都担心此次一别很有可能是生离死别了。

异域风土

七月二日，东坡父子俩被一叶扁舟送到了海南岛儋州，东坡的贬谪地就在这里。儋州即今天的海南儋县，位于海南岛西部。此地环境十分恶劣，远远超过岭南地区。因此，在北宋时期，将官员流放到海南的处罚仅次于死刑。

❶环境描写

这一段描写了海南岛的美丽风光。在别人看来，这里的环境很恶劣，但是在苏东坡看来，却是另外一番美丽景象。

然而，在东坡眼中，海南却是另有一番天地。①此地为海上“岛国”，到处是山洞和密林，登高而望，映入眼帘的是漫无边际的大海。海风好似从天而来，卷起奔腾的海浪，发出震耳的吼啸。细细聆听，千山万谷之间还有笙钟般的声响。海风、巨浪、谷音，大自然的一切在此相遇，共同演奏着奇伟雄壮的大合唱。在东坡看来，“群仙宴乐”的妙音也不过如此。

原本，章惇之流是想让苏东坡到海南吃尽苦头的，可是苏东坡偏偏又遇到了一个很好的官员。此人名为张中，因为久仰苏东坡的大名，所以给东坡安排了一间官舍。因为这间官舍破败不堪，所以张中又特意带着人为东坡修缮了一番。因此，东坡父子总算有个安稳的栖身之处了。

读书笔记

海南岛的气候实在是让人难以忍受，虽然没有岭南的瘴气，却阴雨绵绵，雾气甚重，所有东西都会发霉。很多时候，东坡还能在柱子上看见成堆的白蚁。于是，他提笔写道：“岭南天气卑湿，地气蒸溽，而海南为甚。夏秋之交，物无不腐坏者。”

儋州原为黎族人的聚居地，后来才有汉人移居至此。

① 黎族人不善耕种，靠打猎砍柴为生。有趣的是，外出劳作的都是妇女，男人们负责在家照看孩子。妇女们将砍来的木柴或打来的野味背到集市上卖，以换取粮食、刀斧、盐、布等生活用品。

❶叙述描写

描写了黎族人的生活习俗，这与汉人的风俗截然不同。

在这里，大米全靠内地运输，所以在海南地区的人都以芋头为主食。

海南地区十分封闭落后，黎族人非常迷信，他们生病时不会去看医生，而是让术士为自己驱邪或者杀牛敬神，以求庇护。② 所以为了得到牛，黎族人会用当地生产的沉香与汉人换牛；而汉人为了得到名贵的沉香不惜将牛从内地运到海南。

❷叙述描写

黎族人需要牛，汉族人想要名贵的沉香，这样以物易物，各取所需。

面对耕牛被大量屠杀的现象，苏东坡的心中十分恼怒，不禁写下了这样的文字：

“客自高化载牛渡海，百尾一舟，遇风不顺，渴饥相倚以死者无数。牛登舟皆哀鸣出涕。既至海南，耕者与屠者常相半。病不饮药，但杀牛以祷，富者至杀十数牛。死者不复云，幸而不死，即归德于巫。以巫为医，以牛为药。间有饮药者，巫辄云：‘神怒，病不可复治。’亲戚皆为却药，禁医不得入门。人牛皆死而后已。地产沉水香。香必以牛易之黎。黎人得牛，皆以祭鬼，无脱者。中国人以沉水香供佛，燎帝求福，此

注释

术士：方术之士，信仰谶纬学说、擅长祭拜鬼神、炼丹长生的人。也泛指从事医、卜、星、相类职业的人。

皆烧牛肉也，何福之能得？”

其实，当地人与汉人相处得并不融洽。汉人一直企图征服当地人，可是当地人凭借着深山密林与官兵抵抗。有时候，当地人因为在市集上被欺诈而报官，却得不到公允的审判，于是就将奸商抓起来，带进密林。官兵不肯进林救人，家属只好交钱赎人。有时候当地人跟汉人发生了争执，汉人报官，官兵就要惩治这个当地人，此人不得已又会逃进密林深处，让官兵望而却步。

❶侧面描写 如果人与人之间肯诚心相待的话，大家的相处定然会很融洽。

①在苏东坡看来，这些黎族人实际上都是一些老实人，他们之所以与官府抗争，是因为受到了不公平的待遇。如果汉人以诚相待，他们也会诚心接纳，汉人与当地人自然能够融洽相处。

苦中作乐

东坡到海南几个月后，统治集团派人到各地访察被贬谪的官员情况。湖南提举常平董必奉命来到了广西巡察。他先到雷州，见苏辙虽然没有官舍居住，却租着百姓的房子，一家人过得十分安稳，就以“强占民房”的罪名弹劾苏辙。统治集团便把苏辙流放到了苏东坡曾经谪居过的惠州。与此同时，雷州太守也因礼待过苏氏兄弟而被撤职。

❷正面描写 突出了董必之流的蛮横霸道。

董必本想置苏东坡于死地，后因人劝阻而改派身边的官吏到海南岛察看苏东坡的情况。②官吏到了海南岛，立刻把苏东坡撵出了官舍，好心的张中也被革职查办。

这下子，东坡父子真如丧家之犬，失去了唯一的避风挡雨之所。于是，苏东坡只好将自己仅有的钱拿出来买地建房。好在有那些热心的读书人帮忙，他才在一片椰林中建了三间屋子。新房虽然简陋，但总比露宿街头强，所以东坡欣然提笔，为新房题名为“槟榔庵”。

在惠州谪居时，东坡一家就已经贫困潦倒了，如今又盖了槟榔庵，父子二人真的到了山穷水尽的地步。为了购买衣食，他们不得不变卖各种器具。①“食无肉，病无药，居无室，出无友，冬无炭，夏无寒泉，然亦未易悉数，大率皆无尔。惟有一幸，无甚瘴也。”

❶引用修辞

反映了苏东坡此时的处境非常艰难，生活很困窘。

这是东坡在海南岛时写给友人的信中所说的话，其日子的艰难程度可见一斑。但他毕竟是豪放派诗人苏东坡，环境越是贫困潦倒，越能彰显他豁达乐观的性格特征，体现其苦中作乐的心态。

没有粮食，苏东坡就学习黎族人，以芋头或红薯为主食，如果连这些食物都缺乏了，他就和儿子一起采苍耳回家煮着吃。②他甚至在一篇杂记中说自己可以靠吃阳光的办法来充饥。

❷夸张修辞

阳光能吃吗？不能！而苏东坡现在的生活处境沦落到要靠吃阳光来充饥，突出他生活穷困潦倒。

当然，苏东坡父子忍饥挨饿的日子不算太多，因为不管苏东坡走到哪里都会有朋友接济他，有邻人帮助他。

当时，为他捎信的道士朋友和一个崇拜他的读书人，常常给他带来米、药物和咸菜等。那些在槟榔林中猎鹿的黎族人因为跟苏东坡渐渐熟识了，也会给他送来一些鹿肉。到了冬季，邻居们还会给他送来手工编织的古贝布。

因此，即使日子过得很拮据，苏东坡依旧懂得给自己找些“乐子”：他喜欢写一些讽刺小人的寓言故事，因董必的“必”与“鳖”谐音，他就把此人变成了寓言故事中的“鳖先生”；有个老妇人曾问他是否觉得过去的官场得意是一场春梦，他便称之为“春梦婆”；没事的时候，他会捣鼓一些小玩意儿，用椰子壳来做“椰子冠”，或燃烧松脂，用黑烟灰与牛皮胶来制墨；他还养了一条叫“乌嘴”的大狗，天天带着它四处溜达……

读书笔记

在所有事情中，苏东坡最喜欢的就是接待客人或去左邻右舍家串门。在这些朴实的百姓面前，他可以毫无顾忌地说话，将自己最真实的性情展现出来。

苏过曾说他的老父亲最忍受不了的事就是无人聊天。据说，苏东坡特别爱和邻居们闲聊，如果大家无话可说，他就干脆让大家讲些可怕的鬼故事。因为黎族人都非常迷信，在民间是从来不乏这样的故事的。

❶正面描写　描写了苏东坡在海南岛生活的日常，他写诗作赋，他歌唱这里的一切，表达了他对美好生活的热爱。

①当然，东坡走到哪儿，也不会忘记写诗作赋的。在海南岛生活期间，他纵情高歌：歌唱儋州风景，歌唱黎族人的民俗，歌唱槟榔和椰树，歌唱少女们头上的茉莉花……每一首诗词都是一处美景，每一篇辞赋都是一幅海南民俗图。

民族互助情谊

在苏东坡看来，儋州就是自己的第二故乡。他曾说：“我本儋耳氏，寄生西蜀州。”因此，他在与黎族人民友好相处的同时，还致力于教会黎族百姓耕田种地的方法，让他们逐渐摆脱砍柴打猎的粗犷式劳动经营，以提高其物质生活水平。为了鼓舞黎族百姓改变生产方式的信心和勇气，东坡特地写了一首思想性极强的《劝农诗》，将历经痛苦后迎来的美好生活图景生动

读书笔记

地展现在了黎族百姓眼前。

①苏东坡在儋州办学堂，收学生，让黎族青年们学习先进的汉文化，有很多人甚至不远千里来到儋州，跟从他学习。在苏东坡去海南岛之前，北宋一百多年间，这里从来没有人及第，但在苏东坡的启迪下，姜唐佐就成了乡贡。所以，苏东坡专门作诗道：“沧海何曾断地脉，白袍端合破天荒。”

对于苏东坡而言，黎族百姓是他在患难中最真挚的朋友，是带给自己温暖与快乐的亲人。但对于黎族百姓而言，苏东坡就是儋州文化的拓荒者、播种者，是带领他们走出蒙昧，走向美好生活的文明启蒙者。②所以，儋州百姓一直非常崇敬苏东坡，如今，这里都还流传着东坡村、东坡田、东坡井、东坡桥、东坡路、东坡帽，甚至“东坡话”，等等，可见当地人有多么缅怀苏东坡。

苏东坡作为汉族人的代表，能够与黎族人如此友好相处，双方在艰苦的环境中互帮互助，从大的层面来看，也是民族间团结互助精神的体现，这在当时来说是非常难能可贵的。③所以，苏东坡对中国民族文化的交流与融合也起到了积极的作用。

❶正面描写

苏东坡不但帮助黎族百姓改善生存方法，而且还教他们学习先进的汉文化，表现了他一心为民的伟大精神。

❷正面描写

在儋州百姓眼里，苏东坡就是带着他们走出愚昧无知的文明启蒙者，这些与他有关的名称足以表达出人们对苏东坡的敬重和爱戴之情。

❸正面描写

突出了苏东坡在中国民族文化史上的意义。

海南的文艺成就

或许正是因为海南岛远离中原，没有官场的争斗，也没有公务劳神伤身，苏东坡反倒有了更多的时间和精力从事文艺创作。在海南岛谪居期间，他除了写那些打趣的寓言、歌唱海南美景或歌咏黎族风情的诗赋外，还创作了其他诗赋，完成了一些令他自己感到骄傲的学术研究工作。

在诗歌方面，苏东坡原本一直崇尚杜甫的诗歌，但在经历了黄州、惠州和海南等地的谪居生活后，在精神上逐渐趋向于淡泊名利、热爱田园生活的陶渊明了。因此，他的诗歌风格也越来越有陶诗的韵味了。

在颍州的时候，苏东坡就开始给陶诗写和诗，如今，他终于完成了一百二十四首陶诗的和诗，并将其整理成册，名为《和陶诗》。完成这项令人欣喜的工作后，他便欣然地写了两封信，一封是给弟弟苏辙的，另一封是给远在黔州的大弟子黄庭坚的。他在信中说道：①“然吾与渊明，岂独好其诗也哉！如其为人，实有感焉。”

❶引用修辞　表达了苏东坡对陶渊明的敬佩之情。他不仅佩服陶渊明的诗，更佩服他的为人处世。

在苏东坡看来，陶渊明的精神和人格都是伟大的，所以自己要以陶渊明为榜样，学习其为人与处世的态度。同时，他还把陶渊明看成了自己精神上最好的朋友，正是有了这位朋友，自己才能在艰苦的谪居生活中找到精神的慰藉，得到思想的启发，做到以乐观豁达的心境去面对眼前的困苦。

苏辙看过哥哥的信后，又仔细品读了那一百二十四首和诗，然后应哥哥所请，为《和陶诗》写了一篇序言；黄庭坚则为《和陶诗》作题跋，用诗歌的方式来说明苏东坡与陶渊明命运的相似，同时批判统治集团对苏东坡的迫害。

❷叙述描写　介绍了《东坡手泽》的成书过程，说明其内容之丰富，涉猎面之广泛。

②在作《和陶诗》的同时，苏东坡又在小儿子苏过的协助下，将自己从元丰以来近二十年间写的不宜让世人所读的一些小品文、游记、杂说、史论等整理成册，命名为《东坡手泽》

注释

题跋：写在书籍、字画等前后的文字。“题”指写在前面的，“跋”指写在后面的，总称题跋。内容多为品评、鉴赏、考订、记事等。

（后被称为《东坡志林》）。该书共五卷，内容十分广泛，但文章的长短不一，或几千字，或几句话。《记承天寺夜游》《记游庐山》《东坡升仙》《记游松风亭》《参寥求医》等世人所熟悉的文章都收录在这部书集中。

黄庭坚在品读过《东坡手泽》后，曾说："手泽袋盖二十余，皆平生作字，语意类小人不欲闻者，辄付诸郎入袋中，死而后可出示人者。"

①可见，这些文章都是苏东坡平时随性所写的，所以能够很好地反映苏东坡在这二十年来的思想、心性及其内心变化，是后人研究苏东坡的重要资料。与此同时，该书还对《四库全书》的编辑起到了重要的作用。

①概括总结

写出了《东坡手泽》这本书的内容及价值。

此外，苏东坡曾与苏辙分工为四书五经作注，在黄州时，他已经完成了《论语》和《易经》的注解工作，如今他不但重新梳理了这两本书的注解内容，又注完了《尚书》。为儒家经典书籍作注的工作不仅让苏东坡为自己"不虚度此生"而感到愉悦和骄傲，更有利于世人解读儒家文化，为中国传统文化的弘扬做了巨大贡献。

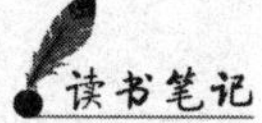

这一章主要讲述了苏东坡被再次贬谪，目的地是海南岛。在当时，流放到海南岛仅次于死刑，可见新党对他的打压力度之大。苏东坡到了海南，教导黎族人民学习先进的汉文化和耕种文化，并把自己的文章整理成《东坡手泽》，给后人留下了很多优秀的文学作品。

延伸思考

1. 在海南岛，主要生活着哪个少数民族的人？

2. 汉人可以从黎族人手中换取什么名贵的东西？

3. 苏东坡的稿子整理成册，书的名字叫什么？

相关链接

海南岛是中国最南部海南省的主岛，也是中国第二大岛。它与华南大陆有相同的地质构造，都是地壳上升后又发生断陷形成的岛屿。岛中部有黎田山，东南部有五指山，境内的河流都发源于这两座山。

第十八章　北归与仙逝

名师导读

宋哲宗只活了二十四岁就驾崩了。他去世之后，继位的是他的弟弟端王赵佶，就是历史上的宋徽宗。他做了皇帝，大权却掌握在向太后手中，向太后是保守派的拥护者。这样一来，新旧党派之争又拉开了序幕。

朝堂风云

1100年，年仅二十四岁的哲宗皇帝因病去世。然而，这位年轻的皇帝并没有给自己留下后代，因此哲宗的母亲向太后不顾章惇等人的反对，坚持将神宗的第十一子，即哲宗的弟弟端王赵佶推上了皇位，是为宋徽宗。

①徽宗继位之初，朝政大权把握在向太后的手中。同宣仁太后一样，这位太后在神宗时期也是保守派的拥护者。如今，她手握大权对于保守派来说，自然是一件幸运的事。因此，被新党们罢黜迫害的“元祐党人”终于得到了一个庇护者。

❶背景介绍

向太后扶持赵佶登上皇位，为的就是自己把朝政大权握在手中。

❶叙述描写

向太后对新党人士的打压，对保守派大臣的提拔，充分说明她是一个保守派。

① 向太后一方面恢复那些被贬谪的保守派大臣的官职，提拔保守派代表韩琦的儿子韩忠彦为右相；另一方面对以左相章惇为首的新党人士进行打压，将执政蔡卞贬为知府。

在这样的情况下，保守派官员们相继重登统治舞台，新党人士不得不收敛锋芒，以免被打压。然而，向太后执政仅仅五个月，就将朝政大权还给了徽宗。

徽宗上台后，并没有继续走向太后的政治路线，而是重新恢复新法，采用神宗当年“富国强兵”的办法，即以充实国库和皇室的方法来维持西北地区与邻国之间的“和平”状态。

❷对比手法

说明徽宗还不至于是一个是非不分的昏君。

② 不过，即使这样，新党的核心人物章惇也没有得到重用，反而因为当年反对徽宗继位，而被徽宗罢去了相位。不过，他的追随者——曾布、蔡京等人倒是被徽宗器重。

此时，朝廷的左相为韩忠彦，右相为曾布，新旧党派的领导者在权力地位方面可谓旗鼓相当，所以两党的斗争也愈演愈烈。

为了调和矛盾，徽宗采纳了某些大臣的建议，于1101年，将国号改为“建中靖国”，寓意消除偏见，和睦共处。然而，愿望是美好的，新旧大臣之间的矛盾却并没有因此得到缓解，朝堂中风起云涌、冲突不断。

当时的保守派可谓元气大伤，欧阳修、司马光、吕大防、范纯仁等德才兼备者已经亡故，而苏东坡、苏辙，及其他有才能的人也在流放或贬谪过程中变得疲惫不堪，无心从政了。

因此，在新旧党的较量中，保守派的实力变得日益单薄，就连韩忠彦的相位也岌岌可危；而蔡京、童贯、赵挺之等新党人士因为善于迎合圣意，所以深得徽宗的信任，地位越来越高。

读书笔记

1101年（建中靖国元年）十一月，邓洵武首次提出了“徽宗应绍述神宗”的说法，对左相韩忠彦进行攻击，同时推荐蔡京为相。徽宗因为赏识蔡京的书法艺术，就果断地采纳了邓洵武的建议，将蔡京升为左相。与此同时，还宣布从1102年开始，改国号为“崇宁”，彻底放弃调和政策，实行“崇法熙宁变法”。

[①] 蔡京是个狡猾的政治投机者，在王安石变法时，拥护新法；在元祐初年间又追随司马光，积极废除新法；如今又成为新党的代表，与宦官童贯勾结，打着“变法”的旗号，不仅对政敌痛下杀手，而且无恶不作，将整个宋朝推向了灭亡。

❶正面描写

蔡京不停地改变追随者，说明他是一个圆滑世故的势利小人。

结束流放生活

朝堂上的风云变化，直接影响到远居海南的苏东坡。

1100年的春天，因哲宗去世大赦天下，朝廷赦免了那些流放各地的“罪臣”，苏东坡被量移廉州。

然而，苏东坡在接到调令之前，先接到的是同乡挚友巢谷去世的噩耗。[②] 我们知道，早在二十多年前，苏东坡谪居黄州的时候，巢谷就千里迢迢地去黄州给苏东坡的孩子们当老师；如今，已经七十多岁的巢谷又拖着年迈之躯南下，先前往雷州探望苏辙，接着又不顾苏辙的劝阻，执意乘舟前往海南岛探望苏东坡，就在渡海的过程中，不幸感染疾病，最后在新州病故了。

❷叙述描写

突出了巢谷与苏东坡之间的深厚友情，让人感佩。

五月，还未从好友离世的悲痛中走出来的苏东坡便接到了量移廉州的调令。这个消息是他的朋友吴道士给他带来的。廉州就是今天的广西合浦县，位于雷州半岛的西边。

五月底，苏东坡父子俩，同吴道士一起乘船前往雷州。六月中旬，一行人刚到合浦，苏东坡就接到了朝廷的第二道调令，让他改去永州。① 原来是徽宗皇帝添了皇太子，所以再次大赦天下。

❶解释说明
解释了苏东坡接到第二道调令的原因。

永州即今天的湖南零陵，所以一行人只好临时改变路线，前往新的目的地。

八月，就在苏东坡前往永州的途中，又传来一个噩耗：秦观去世了。

六年前，秦观因为“元祐党籍”的罪名被流放至藤州（今广西梧州市）。一到夏季，藤州的湿热就十分严重，再加上秦观在谪居期间一直郁郁寡欢，身体抵抗力十分弱，所以中了暑气，没多久就病故了。

读书笔记

在“苏门六君子”中，苏东坡最赏识的人便是秦观，还曾说过“山抹微云秦学士，露华倒影柳屯田”的话语，将秦观与柳永相提并论。

作为苏东坡的得意门生，秦观也一直敬仰自己的老师，并且在政治上追随老师。在东坡任杭州太守期间，秦观还与其同住，协助苏东坡进行各项改革和赈灾措施。

② 正因为如此，秦观的逝世给苏东坡带来极大的打击，以至于他好几天食不下咽，悲痛地感叹道：“哀哉少游，痛哉少游，遂丧此杰耶！”

❷引用修辞
秦观是苏东坡的得意门生，是他极欣赏的人，秦观的去世给他带来了极大的打击。

逝者已矣，苏东坡只有强迫自己打起精神朝着梧州前进，因为他已经同家人们商量好在梧州碰面。不过，当他到达梧州时，家人却还未赶到，于是他决定继续北上。十月便到了广州。此时，儿子儿媳，还有孙儿们正好也到达广州。阔别已久的家人终于团聚了。

团聚后，全家人便一同乘船继续北上。刚到南雄时，吴道士就生病了，没几天便驾鹤西去。[①]东坡自知这位道士朋友向来喜欢闲云野鹤般的生活，又见他面带微笑离去，心中不仅不难过，反倒羡慕这位道士朋友自由自在的人生。

❶心理描写

秦观的去世让苏东坡悲痛不已，但是他看到吴道士面带微笑离去，反倒生出了羡慕之情，可见他的心境也发生了变化。

十一月，船行至英州，朝廷又改了调令，任命苏东坡为朝奉郎提举成都府玉局观。虽然这只是个闲职，但准许他自由行动，随心选择自己的居住地。至此，苏东坡终于结束了流放生涯。

回想自己从岭南到海南的流放日子，苏东坡感慨万千，仿佛做了一场梦，再面对这来之不易的“自由”，他不禁叹道：“七年远谪，不自意全。万里生还，适有天幸。”

何去何从

1101年（建中靖国元年）初，东坡一家来到了大庾岭以北的赣县，因为他们得在这里等下一段归途的船只，所以在此停留了两个多月。[②]在这段时间里，总是有人找他，不是邀他一同游玩山水，就是向他讨要题诗。于是，附近的山上和人们带来的纸、绫绢上都留下了苏东坡即兴而作的诗词。有时候，他见天色已晚，急着回家，求墨宝的人只好让他留下两个大字，这样也心满意足了。

❷叙述描写

通过写人们找苏东坡讨要他的诗句题词，说明人们对他的喜爱和敬佩。

快乐的日子总是短暂的。很快，赣县地区就爆发了疫病。东坡家中有好几个孩子感染了疫病，还有六个仆人相继病死，这让他又急又心痛。于是，他每日便忙着配置药物，既医治患病的家人，又救治当地的患病者。

待疫病有所缓和，东坡一家再次启程，并于五月初到了金陵。这时，东坡开始犯难了：自己到底要去往何处？

❶反问修辞

表达出苏东坡内心的彷徨和无奈。

[①] 虽然获准北归，但自己被流放多年，生活根本没有着落，哪里谈得上有真正的家呢？于是，他低头叹道：“人老家何在？”

最初，东坡认为该回四川老家，但思想上又倾向于杭州，自己曾在杭州两度为官，对那里的风土人情非常熟悉，且杭州的景色宜人，是最理想的养老之地。

❷叙述描写

苏东坡恢复了自由身，弟弟苏辙也结束了流放生涯，兄弟两个终于苦尽甘来。

[②] 然而，还没等他确定下来，苏辙便来信，让他去颍州同住。原来，在苏东坡恢复自由的同时，苏辙也结束了流放生涯，带着一家大小到了颍州。

因为苏辙在颍州有自己的田产，所以想让哥哥也前往颍州同住。苏东坡虽然很想和弟弟住在一起，可是他知道弟弟一家情况也不比自己好多少，所以不忍心再带着三十多口人去给弟弟添负担，再加上颍州就在京城附近，而向太后已经于正月去世了，此时的朝中又是“奸党”当权，自己还是离京城远一些吧。

读书笔记

左思右想之后，东坡决定去常州居住。毕竟在那里，自己有两块地，还有个小农庄。于是，他便给自己的挚友钱世雄写了一封信，告知对方自己要去常州定居的决定，并且托对方再给自己找一处更合适的房子；与此同时，他又让长子苏迈和次子苏迨先前往常州打理。

很快，苏东坡一家就到了常州，全家人先是住进了太湖的农庄，后因地方狭小，东坡便向一户姓孙的人家借了一个大点的宅子居住。等一切安顿好之后，苏东坡便让长子苏迈去任新职，自己同另外两个儿子一起耕作，靠着常州的少量田产维持全家人的生活。

读书笔记

仙 逝

六月初，刚回常州没多久的苏东坡就患了病。最初，他只是觉得浑身乏力，没有食欲，接着是肚子难受，夜间失眠。

其实，几年的流放生活早已严重地摧残了苏东坡的身心，他一方面为生计发愁，另一方面又忍受着恶劣的生存条件。这些都对他的健康造成了损害。在惠州和儋州时，他就曾因痔疮发作不能进食。①六十多岁的他又经历北归的长途跋涉，刚到常州又逢暑热，因此诱发了体内的瘴毒，病情一天比一天严重，几天后便出现了咳嗽昏厥，甚至齿间流血难止的情况。

❶正面描写 苏东坡回到常州，身体迅速垮掉，每况愈下。

东坡自知自己的人生快到尽头了，不禁回顾起自己多舛的一生。想到自己一直靠着内心的通达才能应对所有的不幸与困境，可是如今的自己已经身心俱疲，无法再继续抵抗内心的痛苦了。自己一辈子都抱着“忠君爱国”信念，却被这个信念欺骗和愚弄，以至于自己的命运如此坎坷，就连亲人朋友也被自己连累。对于赵宋王室，自己始终没有认清其真面目，到头来所谓的“忠诚”，只不过是愚忠罢了。

②在对封建统治阶级彻底失望之后，苏东坡毅然决然地上表，请求交还官职，要彻底结束政治生活。

❷正面描写 苏东坡回顾了自己的一生，认清了朝廷的真面目，毅然决定辞官回乡。表达了他对朝廷的失望。

内心的释然，反倒让苏东坡的病情出现了短暂的好转。

此时已是六月中旬，好友们常常来探望苏东坡，尤其是钱世雄，几乎天天去看他。东坡自觉身体好一些的时候，就会将自己的诗文拿出来与钱世雄共赏。一天，他对钱世雄说："我在海南时，已经把《论语》《尚书》和《易经》的注解完成了，我想将它们托付给你。你一定要小心收藏，三十年后，它们必然会受到世人的青睐。"

❶叙述描写

苏东坡生病了，病情略轻的时候，就跟友人一起吟诗作词，表达了他在想通之后豁达的心态。

① 在接下来的一个月里，他总是欣然地为钱世雄低声吟诵在南方时期所写的诗文。吟诵时目光炯炯有神，恍若无病。精神再好点的时候，他还会提笔写一些小文、札记、题跋等。名赋《桂酒颂》就是这期间他写来送给钱世雄的文章。

与此同时，他还一直给自己所喜爱的画家米芾写信，在信中讲自己对米芾作品的热爱，赞颂对方的才华，以及讲述自己的病情变化等。

到了七月中旬，苏东坡的病情突然恶化了。他总在夜间发烧，早晨牙龈出血，身体也非常疲乏。不过，他始终觉得自己是"热毒"，只能等身体慢慢好转，不能用药物干涉。

钱世雄为他寻来好几种奇药，他都不肯服用，反而停止了吃饭，只在口渴时饮用各种补品熬制的浓汤。

❷概括描写

苏东坡知道自己时日不多，就叮嘱儿子们一些事项，说明自己想与妻子合葬的意思，表现了他与妻子之间的深厚感情。

② 七月十八日，苏东坡将三个儿子唤到病床前，说道："我这辈子不曾做过伤天害理的事，想来是不会下地狱的，你们不用担心我。"接着，他又吩咐孩子们要让子由为自己写墓志铭，且将自己与妻子闰之合葬于嵩山山麓。

又过了几日，东坡已经没有康复的希望了。他的老友维琳方丈从杭州赶到常州探望他。维琳方丈在东坡屋中一直陪着他，与他谈人生轮回，劝他多想来生，放下今生。

二十八日，东坡已经变得气息微弱了。家人朋友们都待在他的房间里，守着他。维琳方丈在东坡的耳边轻声说道："此刻只能想来生了。"不料，东坡却摇摇头答道："或许真的有西天，但是空想前往，又有什么用呢？"

儿子苏迈走到他跟前，问他还有什么要嘱咐的话吗。苏东坡默不作声，闭上眼，与世长辞了。

爱与恨的鲜明对比

①苏东坡病故的消息不胫而走，全国各地热爱东坡的人们听到这个噩耗之后，都悲痛欲绝：吴越地区的市集上挤满了恸哭的百姓；汴京地区的太学生们不顾统治阶级的反对，自发前往佛寺中祭拜；其他地区的学者们都纷纷在自己的家中吊丧。

❶叙述描写

表达出人们的痛苦和对苏东坡的不舍。

噩耗传到荆州，黄庭坚悲痛得无法行走；噩耗传到颍州，张耒公然去佛堂祭奠，并因此被贬到黄州。

而最伤心的莫过于苏辙，他从小就与哥哥感情极深，如今哥哥好不容易才北归有了自由的生活，不料就这样离去了。苏辙一想到这些，就哀痛无比。他怀着悲伤的心情，提起笔，流着泪为哥哥写下了《东坡先生墓志铭》，将哥哥多舛的一生详细述来。

1102年（崇宁元年）六月，东坡的三个儿子按照他的遗嘱将其安葬。

②然而，就在苏东坡入土两三个月后，朝廷再掀波澜，以蔡京为首的腐败统治集团对"元祐党人"进行了新一轮的打击：司马光、文彦博、苏东坡、苏辙等一百多人再次被扣上"奸党"帽子，还有苏东坡的门生秦观、黄庭坚、晁补之、张耒

❷叙述描写

叙述了以蔡京为首的腐败集团对"元祐党人"进行的打击行为，很多人因此受了牵连，政党之间的斗争日益激化。

等，不论生死，全部成了打击的对象。

读书笔记

徽宗不仅支持蔡京等人的做法，让蔡京将所谓的“奸党”名字都书写下来，令各县郡刻在石碑上，而且禁止全国人民再学习“元祐”学术。

蔡京等人一直嫉恨苏氏文学集团在学术界的斐然成就，因此他们使用了最卑劣的手段来诋毁“三苏”、黄庭坚、秦观等人，焚烧了大量的文艺珍品。

❶对比手法 表现人们对苏东坡的喜爱和敬佩。

但是，统治集团对苏东坡的诋毁和禁止人们学习苏文的行为并没有得到百姓的响应。[①]苏东坡永远是广大人民最爱的诗人，甚至有人公然拒绝刻写带有苏东坡名字的“元祐党碑”。统治阶级越是禁止人们学习苏文，人们就越是自发传阅，竞相比赛“苏诗”的积累量，一旦谁输了，就会沮丧许久。为了突破统治阶级的罗网，人们在私底下都用“毗陵先生”来代指苏东坡。许多人冒着生命危险私印苏东坡的诗文集。到了南宋初期，民间甚至流传着“苏文熟，吃羊肉；苏文生，吃菜根”的顺口溜，可见人们崇尚“苏文”已经到了多么夸张的程度。

读书笔记

总之，统治集团与广大民众对苏东坡的态度可谓鲜明的对比，正是这种鲜明的对比告诉我们：不论统治集团多么憎恶苏东坡，又采用了什么手段打击和诋毁苏东坡，在百姓心中苏东坡永远是那个替百姓着想的朋友，那个才华卓越、豪放不羁的大诗人。

宋徽宗继位之后，太后把持了五个月朝政，将苏东坡召回朝廷。宋徽宗执政后，新旧集团斗争激化，以蔡京为首的集团大力打压苏东坡等人。苏东坡看清了朝廷真面目，辞官回家，时日不多就病逝了。他的亲朋好友和学生都受到了不同程度的打压，蔡京甚至烧毁苏东坡的文章，不许人们学习苏文，但是他却阻挡不了人们对苏东坡的喜爱和敬重。

延伸思考

1. 苏东坡恢复自由身以后去哪里定居了？

2. 苏东坡是怎样去世的？

3. 在政治集团对苏东坡抵制时期，人们是怎样称呼他的？

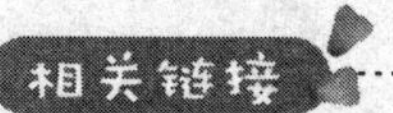

黄庭坚是北宋著名文学家、书法家，字鲁直，号山谷道人，晚号涪翁。生前与苏轼齐名，被人们称作“苏黄”。他还是盛极一时的江西诗派开山之祖，与张耒、晁补之、秦观都游学于苏轼门下，合称为“苏门四学士”。《李白忆旧游诗草书卷》是他晚年草书代表作。黄庭坚对书法艺术强调从精神上对优秀传统的继承，强调个性创造，这些思想，都可以与他的创作相印证。

第十九章　总结语

名师导读

苏东坡的一生充满了悲剧性，他忧国忧民的思想让他在做很多事的时候总是很矛盾，所以造就了他充满劫难的一生。但是，他的文学造诣毋庸置疑，在我国文学发展史上留下了浓重的一笔。

悲剧性的政治家

所谓“政治生活”无非体现在两种关系的处理上：一是与阶级斗争的关系；二是与人民群众的关系。

①之所以说苏东坡的政治生活充满了悲剧性，是因为他始终无法妥善处理这两种关系，让自己在整个政治生涯中陷入了“进退两难”，且不能保持中立的尴尬境地，也就是所谓的“不合时宜”，这是他屡遭打击与贬谪，一生漂泊不定的原因所在。

❶解释说明　解释了苏东坡政治生涯充满悲剧色彩的原因，想忠君爱国，他也想为老百姓做实事，所以当二者冲突的时候，他就会陷入两难之地。

苏东坡所处的社会恰好是北宋内忧外患的时候。面对国家经济的疲软和邻国的威胁，统治阶级不得不寻找出路，以求“调一天下，兼制夷狄”。王安石变法就是在这样的背景下诞生且得到了神宗支持的政治革新产物。作为相对全面和彻底的改革策略，王安石变法主要依靠地主阶级的暴力来镇压和剥削农民阶级，以充盈国库，提高国防力量。[①]从大的方向来看，变法是为了维护地主阶级的统治地位和国家的整体利益。然而，变法难以避免地伤及了大地主大贵族阶级的部分利益，因此遭到了保守派的反对与抵制。变法派与保守派的矛盾由此激化，统治阶级内部也因此逐渐分裂，并展开激烈的斗争。数十年来，统治阶级内部斗争愈演愈烈，从未停息，直到将整个北宋推向灭亡。

❶叙述描写

变法是为了富国强兵，给老百姓好的生活，也是为了维护统治者的利益，但是也伤及了统治者的利益，因此造成了统治阶级内部斗争，导致变法失败。

然而，无论是王安石当权推行变法，还是以司马光为首的保守派全盘废除新法，这些当权者都没有真正站在老百姓的立场上考虑问题，他们所看的只有统治阶级的利益，只有自己集团的权势与地位。当然，更别提李定、章惇、蔡京之流，这些人简直就是自私自利的弄权者，他们连统治阶级的集体利益也不顾了，有的只是玩弄权势、复仇和妒忌之心。[②]苏东坡作为一个从普通地主阶级中诞生的寒门学子，即使成了统治阶层中的一员，也是统治集团眼中的“异类”，再加上他在对待阶级斗争时，又成了不完全的“保守派”或不彻底的“革新派”，所以更不被其他统治者接受。

❷解释说明

苏东坡是一个有才之人，但是他没有靠山，出身寒门，在变法的时候不是坚定地站在其中的一派，所以不被其他统治阶层接受。

在王安石全面变法的时候，苏东坡站在了保守派的阵营，反对和批判新法，并因此遭到了政治生涯的第一次严重打击，先后被贬为杭州通判，密州、徐州知州，又遭遇“乌台诗案”，继而谪居黄州。

原本，经历了一系列打击的苏东坡，俨然成了保守派的典型代表了。可谁料，当以司马光为首的保守派重新掌权，要废除所有的新法条例的时候，苏东坡又站在了反对的立场上，并因此得罪了原本赏识自己的保守派，以至于在司马光去世后，引起了所谓的“朋党之争”，自己也被迫再次离开朝廷，由翰林学士变成了杭州太守，甚至来回奔波，一贬再贬。

反反复复的政治立场，让苏东坡成了新旧派共同的“敌人”，以至于晚年一直过着四处流放的凄凉生活，最后虽然获得了人身自由，却在北归后不久因病去世了。

①这样的政治生涯，怎能不让人感到悲哀？

当然，不可忽视的一点是，不论苏东坡身居何职，他都在努力为老百姓减轻痛苦，用自己的方法为辖区的老百姓创造更好的生活环境。他在做所有事情的过程中，始终不曾摆脱“忠君爱国”的思想，所有的措施都是在不损害统治阶级利益的前提下实施的。②就与农民阶级的关系而言，虽然他做得也并不彻底，但是他始终对广大农民怀有深切的同情，且在很大程度上给农民们提供了帮助，这与当时的统治阶级只会无休止地盘剥农民的行为相比，具有明显的进步性和开明性，体现了“仁政爱民”的行政思想，所以政绩也得到了百姓的公认，这也是他能获得广大百姓爱戴与拥护的原因所在。

苏东坡的救世之心和自身杰出的才华让自己在保守派面前是个“进步者”，但在激进的改革派面前，又成了“胆小者”。他渴望改革，又无法接受彻底的改革，这种温和的改革思想让他始终找不到解救百姓的办法，尽管有所突破，也最多只是在自己的辖区范围内开一些“头痛医头，脚痛医脚”，即治标不治本的药方。很显然，这种做法既不被保守派认可，又不被改革派看好。

①反问修辞

综上所述，苏东坡的政治生涯让人感到悲哀。有才，却总是在官场争斗中成为牺牲品，不由得让人感慨万分。

②解释说明

苏东坡虽然几次三番地在官场沉浮，但是他最终获得了老百姓的拥护和爱戴，这是值得敬佩的。

或者说，苏东坡一直都在寻求一条既能够维护阶级利益，又不伤害百姓的“救亡图存”的道路，但是在当时的社会情况下，这样的想法只能是“空想”。

①总而言之，普通地主阶级的局限性、温和的改革思想，以及过于理想化的政治观念导致苏东坡的政治观念出现了动摇性、两面性和复杂性的特征，而这些都是其政治生活充满悲剧性的原因。

❶解释说明

再次总结说明了苏东坡政治生活充满悲剧性的原因主要是他的思想限制了他的行为，让他充满了极大的矛盾。

复杂的思想家

与复杂的政治观念对应的是苏东坡复杂的人生观，这是因为他的思想受到了儒家、道家和佛教三大思想教派的综合影响，这种影响既有积极的一面，也有消极的一面。

首先，我们可以肯定的是，三大思想中，儒家思想是苏东坡思想的“主心骨”。

②苏东坡从小就有“致君尧舜”的雄心壮志，他追求功名，向往“朝廷清明而天下治平”的繁荣盛世，企图用自己的才华来经世济民，辅佐帝王。在整个政治生活中，他都坚持这样的思想，因此能够“不顾身害”，对君王“尽言无隐”，同时坚持自己的观点，既不盲从攀附，又不徇私枉法，始终保持着表里如一、敢作敢为的儒者风度。

❷叙述描写

叙述了苏东坡的雄心壮志，表达了他忠君爱国的思想。

在顺境中，他胸怀天下，有志扭转挽救北宋朝廷，坚守“知命者必尽人事，然后理足而无憾”的思想，因此他大胆地除弊兴利、赈灾治水、改革税法、整顿军纪……创造了斐然的政绩。

身处逆境时，他坚定执着，既有“西北望，射天狼”的壮志，又有“休将白发唱黄鸡”的乐观心态，甚至幻想着飞上“玉宇琼楼”再“凭高眺远”，不论如何，他始终保持豁达乐观的积极心态，坚守着高度的社会责任感。

读书笔记

不过，对苏东坡影响最大的应该是儒家思想中“忠君爱国”的观念。当然，“爱国”是无可厚非的，正是因为强烈的爱国意识才让苏东坡在面对西夏、辽等邻国的问题上坚持采取抵御态度，积极维护民族自尊心。

[1]但“忠君”的思想却让苏东坡不能认清赵王室的本质，一直处于“愚忠”的状态中，即使在屡遭打击的情况下，在最为绝望的生活中，他都不曾怀疑和埋怨过赵王室，因而不能像李白、陶潜那样大胆地蔑视统治者，更不敢与统治集团真正决裂，被迫地成为大地主大贵族阶级的“顺仆”，思想意识的发展也被所谓的“忠诚”局限了。

❶叙述描写

叙述了苏东坡的“忠君”思想，而他的这种思想却是一种“愚忠”，说明了他思想的局限性。

如果说儒家思想是苏东坡政治行为的导向，那么道家的哲学和佛家的禅理就是他精神上的安慰剂和开心药。

东坡的启蒙恩师张易简是当时有名的道士。在张先生几百名学生中，苏东坡又是最受青睐的学生之一。张先生的启发让苏东坡从小就喜爱道家思想，甚至经常穿道袍去游访道士，踏足道观，因此有了《后赤壁赋》《放鹤亭记》《观妙堂记》《众妙堂记》《庄子祠堂记》等美文中那些赞美道士道观或讲道人入梦的内容。

读书笔记

在沉浮曲折的政治磨难中，苏东坡始终用道家的“超然”思想来安慰自己。所谓“超然”就是追求事物的本真，不被事物的表面现象困惑与束缚，这也是范仲淹所倡导的“不以物喜，不以己悲”的精神境界。用苏东坡的话来说，就是“君子可以寓意于物，而不可以留意于物”。[①] 正是在这样的思想影响下，苏东坡才能逐渐看轻了个人的荣辱与得失，学会用一颗淡泊名利之心去面对仕途的失意与人生的坎坷。他告诉自己人生的苦难与欢乐都是短暂的，只有万物的变化才是永恒的，所以人只有追求自然，保持豁达的精神才能真正感受生命的真谛，体会人生的乐趣，即超然“游于物之外”，自可“无所往而不乐”。

❶正面描写

苏东坡的政治生涯很坎坷，但是他有一颗宽容的心，从而拥有豁达的精神。

如何才能真正做到道家的“超然”，又不负儒家的“致君尧舜”，实现救世济民的宏愿呢？

佛教的“通达”观就是苏东坡灵活变通的方法。即凡事要抱着一颗“平常心”去看待，分析事物的两面性：高兴时不能得意忘形，要看到潜藏的祸端；受挫时不能萎靡不振，辩证看待所处的环境。也就是说，在所有变故面前做到心平气和，换个角度去看待问题，做到静达圆通。[②] 所以，他才能在谪居黄州时，欣然唱道：“昨夜东坡春雨足，乌鹊喜，报新晴。”即使在“饮食不具，药石无有”的海南，他也能自我安慰道：“食芋饮水，著书以为乐。”

❷引用修辞

表达出苏东坡在逆境中依然保持豁达的心胸和积极向上的乐观心态。

由此可见，苏东坡人生观的主要基调还是积极乐观、豁达健康的，这充分体现了儒家热爱生活与人生的积极进取思想、道家淡泊名利的齐物论思想，以及佛教所倡导的通达与圆融。但有人对苏东坡所表现出来的乐观与豁达持怀疑的态度，认为苏东坡豪放不羁的背后实际是内心的悲观，且过分忽视挫折与困难，会导致消极懈怠的情绪，所以不能一味肯定和提倡这种所谓的乐观心态，有时候“化悲愤为力量”也不失为一种

读书笔记

积极的人生态度。所以，对于苏东坡的乐观与豁达，我们还需以辩证的思维来看待，既看到其让人摆脱痛苦的积极作用，又要保留内心的动力，让自己在挫折面前迎难而上，切不可盲目逃避。

伟大的文学家

或许，正是政治的坎坷和思想的复杂才成就了宋代最伟大的文学家，也让中国文学史上多了光辉灿烂的一页。

苏东坡在诗词、散文、文艺评论等各个方面都有令人称奇的成就。①他的诗歌题材宽广，清新豪放，善用比喻夸张，独具一格，同黄庭坚合称为“苏黄”；他的词豪放不羁，与同为豪放派代表的辛弃疾合称为“苏辛”；他的散文宏富豪迈，收放自如，与欧阳修合称为“欧苏”；他也是“唐宋八大家”之一，更是现实主义文学阵营一颗耀眼的星星。

❶正面描写　称赞了苏东坡的诗歌、词和散文，突出了他在文学上的卓越成就，也说明他在文坛上的至高地位。

与苏文、苏诗相比较，苏词的成就最为突出，因为苏东坡对词进行了全面的改革，突破了“艳丽”的传统标签，让词从音乐附属品变成了独立的抒情诗体，为词开辟了新的发展方向。

②在苏东坡之前，柳永耗尽一生的时光，推动词的发展，却未能真正改变词的文学性质。苏东坡却打破了“诗尊词卑”的传统观念，认为词和诗原本同源，前者是后者的“苗裔”，两者只是形式不同，本质却是相通的。所以，他将词与诗相提并论，并且提出了“自是一家”的作词主张，大胆地追求雄奇壮美的词风，为词创造了更为宽广的意境；同时采用“以诗为词”的方法，即以写诗的手法去写词，而用典和题序是苏东坡写词

❷对比手法　将苏东坡和柳永在词方面的成就进行对比，突出了苏东坡在词上的突破，说明他具有创造精神。

最大的成功之处。

不管是日常交往、读书写作、躬耕田间、射猎游玩的生活画面，还是自然的壮丽之景都成了苏东坡作词的素材，他用自己的实际行动告诉人们，词是“无事不写，无意不入”的。

在苏词中，我们看到的是男性的豪情，而非传统的女性柔情。东坡的进取精神，博大胸怀，对人生的哲理思考，以及充满激情的生命力都体现在了这股豪情之中。① 因此才有了《水调歌头·明月几时有》《念奴娇·赤壁怀古》《江城子·密州出猎》等三百多首如天风海雨般的杰出词作。王灼曾在《碧鸡漫志》中说道：“东坡先生非心醉于音律者，偶尔作歌，指出向上一路，新天下耳目，弄笔者始知自振。”可见，苏东坡意在强调词的文学意义，削弱其音乐附属品的观念，让词走上了一条全新的道路。

❶举例子

列举了苏东坡著名的作品，并用“三百多首”突出了他词作数量之多。

从北宋到南宋，词风有了明显的转变，因此才有了后来的南渡词人、辛派词人等，而让词风转变的关键人物就是苏东坡。他用自己的创新精神与勇气开创了豪放词派，为同一时代及后世词人开启了一个全新的词世界。

② 不过，虽然东坡对词的贡献极大，成就也很突出，但论酣畅淋漓，还当属苏诗。苏东坡以两千七百多首诗的创作量，诗歌题材的广泛性，诗歌形式的多样性，以及诗歌内涵的丰富性成为宋代当之无愧的诗坛第一大家。

❷过渡句

突出了苏东坡在诗作方面的成就也很高。

我们知道，苏东坡在诗风上一直追随“诗圣”杜甫，而杜甫的诗又以写实为主要特色，因而被人称为“诗史”，所以在杜甫诗风的影响下，苏东坡将满肚子的“不合时宜”写进诗歌，描绘社会现实，批判封建制度的积弊陋习，同时写自己对人生的思考，等等。

①宦海浮沉、漂泊不定的人生经历，反而丰富了苏东坡的生活阅历，他不仅有机会了解各地风情，还赏遍了四方美景。这些见识既是他写诗的题材，又让他深刻地感悟了人生哲理，因此我们才能欣赏到《题西林壁》《和子由渑池怀旧》《饮湖上初晴后雨》等诗，品味诸如“不识庐山真面目”“雪泥鸿爪”等妙语。

①叙述描写

苏东坡在官场上几次沉浮，让他走遍了祖国的众多地方，也成为他作品的题材。这告诉我们在逆境之中不要自怨自艾，要学会换个角度思考问题。

诚然，苏诗中也不免有表现作者苦闷消沉情绪的作品，但更多的是展现作者蔑视尘俗，超越痛苦的佳作。

在创作手法上，苏东坡已经达到了随心所欲地使用诗歌艺术技巧的程度，并且他能够在传统的写诗技法上翻新出奇、触手成春，使诗歌具有惊人的表现力，从而赢得了广大读者的喜爱。即使到今天，苏东坡也是最受人青睐的宋代诗人。

读书笔记

就苏文而言，最大的特色当属“文理自然”。虽然苏东坡的文学思想继承了欧阳修的“文道并重”精神，但他更为重视文章的艺术价值，认为文章不光是载道的工具，还是表现人物精神风貌的文体，同时所谓的“道”应该是事物的规律，绝不仅仅是儒家之道。在这样的认识基础上，苏东坡提倡文理自然，让文章真实地反映客观世界。同时，他认为要采用多样性的艺术风格，避免千篇一律的文风，否则整个文坛就会变得“弥望皆黄茅白苇”，毫无生动性可言。

读书笔记

苏文能够根据写作对象的不同而改变文风，每一篇文章不但语言如行云流水般畅达，而且气势磅礴、雄浑壮丽，给人以新奇之感。

苏东坡尤其擅长写议论文，不管是史论、政论，还是书札、杂说、序跋等都十分出色。[①]如《贾谊论》《范增论》《平王论》《留侯论》等，这些论文都采用了夹叙夹议兼带抒情的创作手法，不论是创作技法，还是感染力都是中国文坛屈指可数的。

❶举例子 列举了苏东坡所写的议论文章，说明他不仅仅擅长诗词创作，而且议论文的创作也非常棒。

此外，苏东坡还主张“辞达即可”的创作原则，即文章能够表达自己的意思就可以了，不需要都长篇大论。因此，他的辞赋和小品文也写得极为出彩。如，辞赋中的《赤壁赋》和《后赤壁赋》，小品文中的《记承天寺夜游》等都是家喻户晓的名作。

总之，无论是诗词还是文赋，苏东坡都取得了令人惊叹的成就，对文坛产生了巨大的影响：[②]苏诗启迪了明代的公安派诗人，清代的宋诗派诗人；苏词被南宋辛派词人继承，使豪放词成为同婉约词平分秋色的词风，清代陈维崧等人的词风也受到了苏词的影响；苏文，尤其是小品文，成了明代公安派独抒性灵的源头，包括清代的郑燮、袁枚等大散文家都受到了苏文的积极影响。

❷详细描写 苏东坡的所有文学作品都在文坛上产生了重大影响，包括苏诗、苏词、苏文等，并影响了一批优秀的文学大家。

因此，无论从哪个方面来看，苏东坡都是宋代当之无愧的文坛盟主，是宋代乃至整个中国文史上最为伟大的文学家之一。

多才多艺的巨匠

品读了苏东坡的一生，我们不禁为他的“天才”能力感到咋舌，这位政治家、文学家，在艺术、生活、医学、建筑等方面都有令人佩服的成就。

首先，苏东坡是杰出的书法家，他吸收了从晋代到五代

读书笔记

❶举例子

列举了苏东坡的画作，说明他不仅诗词俱佳，而且书法、绘画一样出色，是一个全面发展的人才。

❷详细描写

介绍了苏东坡创造的四大养生之法，说明他在养生方面具有远见卓识。

以来各大名家的书法优点，同时融合了王僧虔、李邕、颜真卿等名家书法的风格，从而形成了自己独特的书法艺术风格，且尤其擅长楷书与行书。世人将他与米芾、黄庭坚、蔡襄合称为“宋四家”。现存的《黄州寒食诗帖》《赤壁赋帖》《祭黄几道文帖》等，都是展现苏东坡书法艺术的珍品。

其次，苏东坡是卓越的画家，是“宋代绘画三大家”之一。他尤其擅长怪石、枯木、墨竹等工笔画。他反对程序束缚，喜欢以画寄情，并且提出了“诗画本一律，天工与清新”的绘画主张。与此同时，他首创了“士人画”的概念，为后世“文人画”的发展繁荣奠定了基础。①现存的《古木怪石图卷》《潇湘竹石图卷》等，都是苏东坡的画作代表。

苏东坡还自通医药治理，是个制药行家。他喜欢根据医书所记，亲自采摘药材配置药物，缓解自己的病情，或者救治其他病人。②制药治病的同时，苏东坡还非常重视养生，不仅勤于练瑜伽，还提出了“无事以当贵”“早寝以当富”“安步以当车”和“晚食以当肉”四大养生方法，即用平常心去看待荣辱，让自己保持快乐的心境；养成早睡早起的好习惯；多走路，多运动；饿了再进食，且不可暴饮暴食。这些养生“秘诀”直到今天依旧非常实用。如果东坡不是因为晚年疲于奔波，相信他也一定能够健康且长寿。

此外，苏东坡还是一个别出心裁的建筑家、美食家和发明家。

徐州的黄楼、杭州的苏堤，以及黄州、惠州和海南岛的苏东坡居所等，都是苏东坡亲自设计的，这些建筑物不仅体现了因地制宜的建筑原则，而且总能打破常规，给人以新意，尤其是苏堤，直到今天依旧是西湖上最亮丽的风景之一。

漂泊的人生让苏东坡能够广泛地接触各地百姓，品尝各地风味，因此他常常能够因地制宜、就地取材地制作出独具风格的美食来。可以说，苏东坡的一生都在从事美食研究，还因此获得了“饕翁”的称号。[①]如今，东坡凉粉、东坡肉、东坡鱼、东坡肘子、东坡汤、东坡豆腐、东坡烤羊肉，等等，都已经成了风靡大江南北的美食，苏东坡也成了妇孺皆知的美食家。

❶举例子

列举了因为苏东坡而出名的美食，这些美食风靡大江南北，成就了苏东坡美食家的美名。

东坡还是一个名副其实的发明家，东坡帽、椰子冠、流动亭，以及我们今天采用的“自来水”的供水方式都是苏东坡的发明。1096年，广州太守给苏东坡写了一封信，并告知苏东坡广州地区的饮用水含碱，百姓饮水成了难题。因此苏东坡就提出了“于岩下作大石槽，引以五管大竹，续处以麻缠漆涂之。随地高下，直入城中”的建议，即利用管道输送饮用水，以解决百姓饮水问题，这就是最初的“自来水”模式。

总而言之，虽然苏东坡的仕途坎坷，但在世人的心中，他是一位伟大的文学家、大书画家、医药家、建筑设计师和发明家，更是一位人道主义者，一个积极进取的巨儒，一个不畏困境的乐天派。他热爱大自然，也热爱生命；他不畏权贵，不徇私枉法；他幽默风趣、和蔼可亲，既是天才巨匠，又是百姓之友。[②]这样的苏东坡怎能不叫人佩服与爱戴呢?

❷反问修辞

说明他为百姓做了很多事情，得到了人们的敬佩和爱戴。

精华赏析

这一章主要对苏东坡各个方面进行了总结，叙说了他在诗词、书画、医药、建筑和发明等方面的卓越成就，赢得了人们的尊敬和爱戴。他还是一位美食家，东坡肉、东坡鱼、东坡肘子、东坡豆腐等等因他而得名的美食传遍大江南北。可惜的是，他一生奔波，不然一定会健康长寿，为后人留下更多的作品。

延伸思考

1. 你知道哪些关于苏东坡的美食?

2. 苏东坡在哪些方面有卓越成就?

3. 苏东坡的养生之法是怎样的?

相关链接

颜真卿（709—784），唐代杰出的书法家，祖籍琅玡临沂（今山东临沂）。他曾经四任监察御史，但是因为受权臣杨国忠排斥，被贬为平原太守，所以也被人们叫作“颜平原”。唐代宗时官至吏部尚书、太子太师，封鲁郡公，人称“颜鲁公”。784 年，遭宰相卢杞陷害，谥号“文忠”。主要作品有《韵海镜源》《礼乐集》《吴兴集》《庐陵集》《临川集》等。

名家心得

古人称立德、立功、立言为三不朽。立德最难，自周汉以后，罕见德传者。立功如萧、曹、房、杜、郭、李、韩、岳，立言如马、班、韩、欧、李、杜、苏、黄，古今曾有几人？

——曾国藩

故以宋词比唐诗，则东坡似太白，欧、秦似摩诘，耆卿似乐天，方回、叔原则大历十子之流。

——王国维

苏东坡诗之伟大，因他一辈子没有在政治上得意过。他一生奔走潦倒，波澜曲折都在诗里见……苏东坡的儒学境界并不高，但在他处艰难的环境中，他的人格是伟大的，像他在黄州和后来在惠州、琼州的一段。

——钱穆

读者感悟

苏东坡不仅是一个豪放的词人，还是潇洒飘逸的乐天派。在作者笔下，苏东坡像是一杯清茶，苦涩中流露出淡淡清香；同时又像是一江碧水，平静而寂寥。那份心灵的喜悦和思想的快乐值得我们细细品味。

阅读拓展

阅读人物传记可以开阔我们的视野，让我们从不同的角度去了解伟人并从中学习他们的优秀品质。《苏东坡传》就是一部非常值得细读的传记。我们还可以阅读林语堂的《武则天传》，这是林语堂在传记文学创作方面的最高成就。林语堂写的武氏传是唐朝帝王李家和武后武家的家族故事，带有强烈的主观意识，让我们感受到不同的写作风格。

真题演练

1. 苏东坡是哪里人氏？
2. 在初露锋芒之时，苏东坡参加贡试，写了什么文章？
3. 殿试之时，苏东坡的成绩怎样？
4. 第一个发现苏东坡才华的人是谁？
5. 唐宋八大家都有谁？

答案

1. 北宋眉州眉山（今属四川省眉山市）人。
2.《刑赏忠厚之至论》。
3. 苏东坡中了乙科。
4. 梅圣俞。
5. 唐代韩愈、柳宗元和宋代苏洵、苏轼、苏辙、王安石、曾巩、欧阳修。

爱阅读课程化丛书／快乐读书吧

外国经典文学馆					
序号	作品	序号	作品	序号	作品
1	七色花	31	格列佛游记	61	好兵帅克历险记
2	愿望的实现	32	我是猫	62	吹牛大王历险记
3	格林童话	33	父与子	63	哈克贝利·费恩历险记
4	安徒生童话	34	地球的故事	64	苦儿流浪记
5	伊索寓言	35	森林报	65	青　鸟
6	克雷洛夫寓言	36	骑鹅旅行记	66	柳林风声
7	拉封丹寓言	37	老人与海	67	百万英镑
8	十万个为什么（伊林版）	38	八十天环游地球	68	马克·吐温短篇小说选
9	希腊神话	39	西顿动物故事集	69	欧·亨利短篇小说选
10	世界经典神话与传说	40	假如给我三天光明	70	莫泊桑短篇小说选
11	非洲民间故事	41	在人间	71	培根随笔
12	欧洲民间故事	42	我的大学	72	唐·吉诃德
13	一千零一夜	43	草原上的小木屋	73	哈姆莱特
14	列那狐的故事	44	福尔摩斯探案集	74	双城记
15	爱的教育	45	绿山墙的安妮	75	大卫·科波菲尔
16	童　年	46	格兰特船长的儿女	76	母　亲
17	汤姆·索亚历险记	47	汤姆叔叔的小屋	77	茶花女
18	鲁滨逊漂流记	48	少年维特之烦恼	78	雾都孤儿
19	尼尔斯骑鹅旅行记	49	小王子	79	世界上下五千年
20	爱丽丝漫游奇境记	50	小鹿斑比	80	神秘岛
21	海底两万里	51	彼得·潘	81	金银岛
22	猎人笔记	52	最后一课	82	野性的呼唤
23	昆虫记	53	365 夜故事	83	狼孩传奇
24	寂静的春天	54	天方夜谭	84	人类群星闪耀时
25	钢铁是怎样炼成的	55	绿野仙踪	85	动物素描
26	名人传	56	王尔德童话	86	人类的故事
27	简·爱	57	捣蛋鬼日记	87	新月集
28	契诃夫短篇小说选	58	巨人的花园	88	飞鸟集
29	居里夫人传	59	木偶奇遇记	89	海的女儿
30	泰戈尔诗选	60	王子与贫儿		**陆续出版中……**

中国古典文学馆					
序号	作品	序号	作品	序号	作品
1	红楼梦	12	镜花缘	23	中华上下五千年
2	水浒传	13	儒林外史	24	二十四节气故事
3	三国演义	14	世说新语	25	中国历史人物故事
4	西游记	15	聊斋志异	26	苏东坡传
5	中国古代寓言故事	16	唐诗三百首	27	史　记
6	中国古代神话故事	17	小学生必背古诗词 70+80 首	28	中国通史

7	中国民间故事	18	初中生必背古诗文	29	资治通鉴
8	中国民俗故事	19	论 语	30	孙子兵法
9	中国历史故事	20	庄 子	31	三十六计
10	中国传统节日故事	21	孟 子		**陆续出版中……**
11	山海经	22	成语故事		

中国现当代文学馆

序号	**作品**	**序号**	**作品**	**序号**	**作品**
1	一只想飞的猫	36	高士其童话故事精选	71	大奖章
2	小狗的小房子	37	雷锋的故事	72	半半的半个童话
3	“歪脑袋”木头桩	38	中外名人故事	73	会走路的大树
4	神笔马良	39	科学家的故事	74	秃秃大王
5	小鲤鱼跳龙门	40	数学家的故事	75	罗文应的故事
6	稻草人	41	从文自传	76	小溪流的歌
7	中国的十万个为什么	42	小贝流浪记	77	南南和胡子伯伯
8	人类起源的演化过程	43	谈美书简	78	寒假的一天
9	看看我们的地球	44	女 神	79	古代英雄的石像
10	灰尘的旅行	45	陶奇的暑期日记	80	东郭先生和狼
11	小英雄雨来	46	长 河	81	红鬼脸壳
12	朝花夕拾	47	丁丁的一次奇怪旅行	82	赤色小子
13	骆驼祥子	48	小仆人	83	阿Q正传
14	湘行散记	49	旅 伴	84	故 乡
15	给青年的十二封信	50	王子和渔夫的故事	85	孔乙己
16	艾青诗选集	51	新同学	86	故事新编
17	狐狸打猎人	52	野葡萄	87	狂人日记
18	大林和小林	53	会唱歌的画像	88	彷 徨
19	宝葫芦的秘密	54	鸟孩儿	89	野 草
20	朝花夕拾·呐喊	55	云中奇梦	90	祝 福
21	小布头奇遇记	56	中华名言警句	91	北京的春节
22	“下次开船”港	57	中国古今寓言	92	济南的冬天
23	呼兰河传	58	雷锋日记	93	草 原
24	子 夜	59	革命烈士诗抄	94	母 鸡
25	茶 馆	60	小坡的生日	95	猫
26	城南旧事	61	汉字故事	96	匆 匆
27	鲁迅杂文集	62	中华智慧故事	97	落花生
28	边 城	63	严文井童话故事精选	98	少年中国说
29	小桔灯	64	仰望第一面五星红旗升起	99	可爱的中国
30	寄小读者	65	徐志摩诗歌	100	经典常谈
31	繁星·春水	66	徐志摩散文集	101	谁是最可爱的人
32	爷爷的爷爷哪里来	67	四世同堂	102	祖父的园子
33	细菌世界历险记	68	怪老头		**陆续出版中……**
34	荷塘月色	69	从百草园到三味书屋		
35	中国兔子德国草	70	背 影